Az Étkek Varázsa Mikrohullámú Sütőben

Étkezz Egészségesen és Gyorsan; Használd Ki a Mikrohullámú Sütőt teljes Potenciáljával

Viktória Kovács

Tartalomjegyzék

Párolt marhahús és zöldségek 14
Marhapörkölt 15
Hot-pot marhahús és zöldségek 16
Marha curry 17
Alapvető apa 18
Túrós pite 19
Túrós pite sajttal 19
Aprítsuk zabbal 19
Chili con carne 20
Curry szósz 20
Marhagulyás 21
Marhagulyás főtt burgonyával 22
Vajas bab és marhapörkölt paradicsommal 23
Marhahús és paradicsom torta 23
Marhahús és gombás kebab 24
Töltött bárány 26
Ment bárány kebab 27
Klasszikus báránykebab 28
Közel-keleti bárány gyümölccsel 29
Gúnyos ír pörkölt 31
Gazda felesége Báránykaraj 31
Lamb Hotpot 32

Báránykenyér mentával és rozmaringgal 33
Báránypörkölt paradicsommal 34
Bárány Biryani 35
Díszített Biriani 36
Muszaka 37
Muszaka burgonyával 39
Gyors muszaka 39
Bárány hús 41
Pásztor Pite 41
Vidéki máj vörösborban 42
Máj és szalonna 43
Máj és bacon almával 44
Vese vörösborban pálinkával 45
Vadpecsenyék laskagombával és kéksajttal 47
Kis tészta elkészítése 48
Kínai tészta és gomba saláta dióval 48
Paprika makaróni 49
Családi makaróni sajt 50
Klasszikus makaróni sajt 51
Makaróni sajt Stiltonnal 52
Makaróni sajt baconnel 52
Makaróni sajt paradicsommal 52
Spagetti Carbonara 53
Pizza stílusú makaróni sajt 54
Spagetti krém újhagymával 55
Bolognai spagetti 56
Spagetti pulyka bolognai szósszal 57

Spagetti raguszósszal 58
Spagetti vajjal 59
Tészta fokhagymával 60
Spagetti marhahússal és vegyes zöldséges bolognai szósszal 61
Spagetti húsmártással és tejszínnel 62
Spagetti Marsala húsmártással 62
Pasta alla Marinara 63
Matriciana tészta 64
Tészta tonhalral és kapribogyóval 65
Napoletana tészta 66
Pizzaiola tészta 67
Tészta borsóval 67
Tészta csirkemájszósszal 67
Tészta szardella 68
Ravioli mártással 68
Tortellini 69
Lasagna 70
Pizza Napoletana 71
Pizza Margherita 72
Tenger gyümölcsei pizza 72
Pizza Siciliana 72
Gombás pizza 72
Sonkás és ananászos pizza 73
Pepperoni pizzák 73
Vajazott pehely mandula 74
Mandulareszelék fokhagymás vajban 74
Szárított gesztenye 74

Gyógynövények szárítása 75
Ropogós zsemlemorzsa 76
Diós hamburgerek 77
Diótorta 78
Hajdina 79
bolgár 80
Bulgária sült hagymával 81
Tabbouleh 82
Szultán saláta 83
Kuszkusz 84
Kukoricadara 85
Gnocchi alla Romana 86
Sonka Gnocchi 87
Köles 87
Polenta 88
Grillezett polenta 89
Polenta pestoval 90
Polenta szárított paradicsommal vagy olívapürével 90
Quinoa 90
román Polenta 91
Curry-s rizs 92
Túrós és rizses rakott 93
Olasz rizottó 94
Gombás rizottó 95
brazil rizs 96
spanyol rizs 96
Közönséges török pilaf 97

Gazdag török pilaf 98
Thai rizs citromfűvel, lime levelekkel és kókuszdióval 99
Okra káposztával 101
Vörös káposzta almával 102
Vörös káposzta borral 104
Norvég savanyú káposzta 104
Görög módra párolt okra paradicsommal 105
Zöldek paradicsommal, hagymával és mogyoróvajjal 105
Édes-tejfölös cékla 106
Cékla narancsban 108
Hámozott zeller 109
Zeller narancsos hollandi szósszal 110
Karcsúsítók zöldségpörköltje 111
Slimmer zöldséges rakott tojással 111
lecsó 112
Karamellizált paszternák 113
Paszternák tojás és vaj morzsa szósszal 114
Brokkoli sajttal Supreme 115
Guvetch 116
Zeller sajt szalonnával 117
Articsóka pörkölt szalonnával 118
Karéliai burgonya 119
Holland burgonya és Gouda rakott paradicsommal 120
Vajas és bolyhos édesburgonya tejszínnel 121
Maître d'Hôtel édesburgonya 122
Krémes burgonya 122
Krémes burgonya petrezselyemmel 123

Krémes burgonya sajttal 123
Paprikás magyar burgonya 124
Dauphine burgonya 125
Savoyard burgonya 126
Château burgonya 126
Burgonya mandula vajas szósszal 127
Mustár és lime paradicsom 128
Párolt uborka 129
Párolt uborka Pernoddal 129
Velő spanyol 130
Cukkini és paradicsom gratin 131
Cukkini borókabogyóval 132
Vajas kínai levelek Pernoddal 133
Kínai stílusú babcsíra 134
Sárgarépa naranccsal 135
Párolt cikória 136
Párolt sárgarépa lime-mal 137
Édeskömény Sherryben 138
Boron párolt póréhagyma sonkával 139
Póréhagyma cserépben 140
Zeller edényben 140
Hússal töltött paprika 141
Hússal töltött paprika paradicsommal 142
Pulyka töltött paprika citrommal és kakukkfűvel 142
Krémes szivacsok lengyel stílusban 143
Paprika gomba 144
Curry gomba 144

Lencse Dhal 145
Dhal hagymával és paradicsommal 147
Madras zöldségek 149
Vegyes zöldség curry 151
Zselés mediterrán saláta 153
Görög zselés saláta 154
Orosz zselés saláta 154
Mustáros majonézes karalábé saláta 155
Cékla, zeller és alma csésze 156
Mock Waldorf kupák 157
Zeller saláta fokhagymával, majonézzel és pisztáciával 157
Kontinentális zeller saláta 158
Zeller saláta szalonnával 159
Articsóka saláta paprikával és tojással meleg öntettel 160
Zsályás és hagymás töltelék 161
Zeller és pesto töltelék 162
Póréhagyma és paradicsom töltelék 162
Szalonna töltelék 163
Szalonna-barack töltelék 164
Gombás, citromos, kakukkfüves töltelék 164
Gombás és póréhagymás töltelék 165
Sonkás és ananászos töltelék 166
Ázsiai gombás és kesudiós töltelék 167
Sonka és sárgarépa töltelék 168
Sonkás, banános és csemegekukorica töltelék 168
Olasz töltelék 169
Spanyol töltelék 170

Narancs és koriander töltelék ... 170
Lime és koriander töltelék ... 171
Narancs és sárgabarack töltelék ... 172
Almás, mazsolás, diós töltelék ... 173
Almás, aszalt szilvás és brazil diós töltelék ... 174
Almás, datolyás, mogyorós töltelék ... 174
Fokhagymás, rozmaringos és citromos töltelék ... 175
Fokhagymás, rozmaringos és citromos töltelék parmezán sajttal 176
Hal és kagyló töltelék ... 176
Pármai sonkás töltelék ... 177
Kolbász hús töltelék ... 177
Kolbászhús és máj töltelék ... 178
Töltsük meg kolbászhússal és csemegekukoricával ... 178
Kolbászhús és narancs töltelék ... 178
Gesztenye töltelék tojással ... 179
Gesztenye és áfonya töltelék ... 180
Krémes gesztenye töltelék ... 180
Krémes gesztenyés és kolbász töltelék ... 181
Krémes gesztenyés töltelék egész gesztenyével ... 181
Gesztenye töltelék petrezselyemmel és kakukkfűvel ... 182
Gesztenye töltelék Gammonnal ... 183
Csirkemáj töltelék ... 184
Csirkemáj töltelék pekándióval és naranccsal ... 185
Háromszoros diós töltelék ... 185
Burgonya és pulykamáj töltelék ... 186
Rizs töltelék gyógynövényekkel ... 187
Spanyol rizs töltelék paradicsommal ... 188

Gyümölcsös rizs töltelék 189
Keleti atya rizs töltelék 190
Ízletes rizs töltelék dióval 190
Csokoládé ropogós 191
Ördög étel torta 192
Mocha torta 193
Többrétegű torta 194
Fekete-erdei cseresznye torta 194
Chocolate Orange Gateau 195
Csokoládé vajkrémes torta 196
Csokis mokkás torta 197
Narancsos-csokis réteges torta 197
Dupla csokoládé torta 197
Tejszínhab és diótorta 198
Karácsonyi kapu 199
Amerikai Brownie 200
Csokoládé diós brownie 201
Zabkaramell háromszögek 201
Müzli háromszögek 202
Csokoládé Queenies 202
Flaky Chocolate Queenies 203
Reggeli korpa és ananásztorta 204
Gyümölcsös csokis keksz Crunch torta 205
Gyümölcsös Mokka Biscuit Crunch Torta 206
Gyümölcs rum és mazsola keksz Crunch torta 206
Gyümölcsös whisky és narancsos keksz ropogós torta 206
Fehér csokoládé, gyümölcsös roppanós torta 207

Kétrétegű barackos és málnás sajttorta 207
Mogyoróvajas sajttorta 210
Citromos túrós sajttorta 211
Csokoládé sajttorta 211
Sharon gyümölcs sajttorta 212
Áfonya sajttorta 213
Sült citromos sajttorta 214
Sült lime sajttorta 215
Sült feketeribizlis sajttorta 215
Sült málnás sajttorta 215
Szentjánoskenyér torta 216
Könnyű csokitorta 216
Mandulás torta 216
Victoria szendvicstorta 217
Óvodai teás piskóta 218

Párolt marhahús és zöldségek

Szerver 4

30 ml/2 evőkanál vaj vagy margarin, konyhai hőmérsékleten
1 nagy hagyma, lereszelve
3 sárgarépa, vékonyra szeletelve
75 g gomba, vékonyra szeletelve
450 g/1 font far (hegy) steak, apró kockákra vágva
1 kocka marhaalaplé
15 ml/1 evőkanál sima (univerzális) liszt
300 ml/½ pt/1¼ csésze forró víz vagy marhahúsleves
Frissen őrölt fekete bors
5 ml/1 teáskanál só

Egy 20 cm/8 átmérőjű tűzálló edénybe (holland sütő) tedd a vajat vagy a margarint. Olvadáskor felolvasztjuk 45 másodpercig. Adjuk hozzá a zöldségeket és a steak-et, és jól keverjük össze. Fedő nélkül, 3 percig főzzük. A húsleveskockát belemorzsoljuk, majd a lisztet és a meleg vizet vagy alaplét elkeverjük, majd az edény szélére simítjuk, hogy egy gyűrűt formázzon, a közepén egy kis lyukat hagyva. Megszórjuk borssal. Fedjük le fóliával (műanyag fóliával), és vágjuk kétszer, hogy a gőz távozzon. Főzzük teljesen 9 percig, egyszer megforgatjuk. 5 percig állni hagyjuk, sózzuk és tálaljuk.

Marhapörkölt

Szerver 4

450 g/1 font sovány pörkölt steak, apró kockákra vágva
15 ml/1 evőkanál sima (univerzális) liszt
250g/9oz felengedetlen fagyasztott zöldséges rakott csomag
300 ml/½ pt/1¼ csésze forrásban lévő víz
1 kocka marhaalaplé
Frissen őrölt bors
2,5-5 ml/½-1 teáskanál só

Helyezze a steaket egy 23 cm/9 átmérőjű, tűzálló edénybe (holland sütő), ne túl mélyre. Megszórjuk liszttel, majd jól átforgatjuk, hogy bevonja. Egy rétegben lazán eloszlatjuk. A zöldségeket darabokra vágjuk, majd a hús köré rendezzük. Fedjük le fóliával (műanyag fóliával), és vágjuk kétszer, hogy a gőz távozzon. Főzzük teljesen 15 percig, négyszer fordítsuk meg az edényt. Öntsük rá a vizet a húsra, morzsoljuk bele a húsleveskockát. Ízesítsük borssal és alaposan keverjük össze. Fedjük le, mint korábban, majd főzzük 10 percig teljesen, háromszor fordítsuk meg az edényt. Hagyjuk állni 5 percig, majd keverjük össze, ízesítsük sóval és tálaljuk.

Hot-pot marhahús és zöldségek

Szerver 4

450 g/1 font burgonya

2 sárgarépa

1 nagy hagyma

450 g/1 font sovány pörkölt steak, apró kockákra vágva

1 kocka marhaalaplé

150 ml/¼ pt/2/3 csésze meleg marha- vagy zöldségalaplé

30 ml/2 evőkanál vaj vagy margarin

A burgonyát, a sárgarépát és a hagymát átlátszó, ostyavékony szeletekre vágjuk. A hagyma szeleteket karikára vágjuk. Egy 1,75 literes/3 pt/7½ csésze edényt alaposan kikenünk. Töltsük fel váltakozó zöldség- és húsrétegekkel, a burgonyával kezdve és befejezve. Fedjük le fóliával (műanyag fóliával), és vágjuk kétszer, hogy a gőz távozzon. Főzzük teljesen 15 percig, háromszor fordítsuk meg az edényt. A leveskockát a forró húslevesbe morzsoljuk, és addig keverjük, amíg fel nem oldódik. Óvatosan öntsük le az edény oldalát, hogy átfolyjon a húson és a zöldségeken. A tetejére vaj vagy margarin pehelyt teszünk. Fedjük le, mint korábban, és főzzük teljesen 15 percig, háromszor fordítsuk meg az edényt. 5 percig állni hagyjuk. Ha szükséges, süsd meg forró grill alatt (brojler).

Marha curry

4-5

Egy közepesen forró curry angolosított változata. Basmati rizzsel és natúr joghurtból készült sambal (köret), szeletelt uborkával, apróra vágott friss korianderrel (koriander) és chutneyval tálaljuk.

450 g/1 font sovány marhahús, apró kockákra vágva

2 hagyma, apróra vágva

2 gerezd fokhagyma, zúzott

15 ml/1 evőkanál napraforgó- vagy kukoricaolaj

30 ml/2 evőkanál forró curry por

30 ml/2 evőkanál paradicsompüré (tészta)

15 ml/1 evőkanál sima (univerzális) liszt

4 zöld kardamom hüvely

15 ml/1 evőkanál garam masala

450 ml/¾ pt/2 csésze forró víz

5 ml/1 teáskanál só

Helyezze a húst egy rétegben egy 25 cm/10 átmérőjű mély edénybe. Fedjük le egy tányérral, és főzzük 15 percig, kétszer megkeverve. Közben a hagymát és a fokhagymát a szokásos módon az olajon serpenyőben (fazék) közepes lángon világos aranybarnára pirítjuk. Hozzákeverjük a curryport, a paradicsompürét, a lisztet, a kardamomhüvelyeket és a garam masala-t, majd fokozatosan hozzákeverjük a forró vizet, és kevergetve addig főzzük, amíg a keverék felforr és besűrűsödik. A hústálat kivesszük a mikróból és belekeverjük a serpenyő tartalmát.Fóliával letakarjuk (műanyag fóliával) és kétszer vágjuk, hogy a gőz távozzon. Főzzük 10 percig teljesen, kétszer megfordítva az edényt. Tálalás előtt 5 percig állni hagyjuk.

Alapvető apa

Szerver 4

450 g/1 font/4 csésze sovány darált marhahús
1 hagyma, lereszelve
30 ml/2 evőkanál sima (univerzális) liszt
450 ml/¾ pt/2 csésze forró víz
1 kocka marhaalaplé
5 ml/1 teáskanál só

Helyezze a húst egy 20 cm/8 átmérőjű mély tálba. A hagymát és a lisztet villával alaposan összekeverjük. Fedő nélkül 5 percig főzzük. A húst villával feltörjük. Hozzáadjuk a vizet, és belemorzsoljuk a húsleveskockát. Jól keverjük össze, hogy elkeveredjen. Fedjük le fóliával (műanyag fóliával), és vágjuk kétszer, hogy a gőz távozzon. Főzzük teljesen 15 percig, négyszer fordítsuk meg az edényt. Hagyja állni 4 percig. Sózzuk és tálalás előtt keverjük össze.

Túrós pite

Szerver 4

1 adag alaptöltelék
675 g/1½ font frissen főtt burgonya
30 ml/2 evőkanál vaj vagy margarin
60-90 ml/4-6 evőkanál meleg tej

A Basic Mince-t langyosra hűtjük, és egy kikent 1 literes/1¾ pt/4¼ csésze pitetálba tesszük. A burgonyát vajjal vagy margarinnal és annyi tejjel habosra keverjük, hogy könnyű és levegős pépet kapjunk. Ráreszeljük a húskeverékre, vagy egyenletesen eloszlatjuk, és villával feldörzsöljük. Melegítsük újra fedő nélkül, 3 percig. Alternatív megoldásként forró grillsütő alatt (broiler) megsütjük.

Túrós pite sajttal

Szerver 4

Készítse el úgy, mint a Cottage Pie-nél, de vajjal és meleg tejjel krémesítve adjon hozzá 50-75 g reszelt cheddar sajtot a burgonyához.

Aprítsuk zabbal

Szerver 4

Úgy készítsük el, mint az alap darált, de adjunk hozzá 1 sárgarépát lereszelve a hagymával. Cserélje ki a lisztet 25 g/1 uncia/½ csésze zabpehellyel. Első alkalommal 7 percig főzzük.

Chili con carne

4-5

450 g/1 font/4 csésze sovány darált marhahús
1 hagyma, lereszelve
2 gerezd fokhagyma, zúzott
5-20 ml/1-4 tk chili fűszerezés
400g/14oz/1 nagy konzerv apróra vágott paradicsom
5 ml/1 teáskanál Worcestershire szósz
400g/14oz/1 nagy doboz vörös vesebab, lecsepegtetve
5 ml/1 teáskanál só
Burgonya vagy főtt rizs, tálaláshoz

Helyezze a marhahúst egy 23 cm/9 átmérőjű tűzálló edénybe (holland sütő). Villával beleforgatjuk a hagymát és a fokhagymát. Fedő nélkül 5 percig főzzük. A húst villával feltörjük. A só kivételével az összes többi hozzávalót beledolgozzuk. Fedjük le fóliával (műanyag fóliával), és vágjuk kétszer, hogy a gőz távozzon. Főzzük teljesen 15 percig, háromszor fordítsuk meg az edényt. Hagyja állni 4 percig. Ízesítsük sóval, mielőtt burgonyával vagy főtt rizzsel tálalnánk.

Curry szósz

Szerver 4

2 hagyma, lereszelve

2 gerezd fokhagyma, zúzott

450 g/1 font/4 csésze sovány darált marhahús

15 ml/1 evőkanál sima (univerzális) liszt

5-10 ml/1-2 evőkanál enyhe currypor

30 ml/2 evőkanál gyümölcsös chutney

60 ml/4 evőkanál paradicsompüré (tészta)

300 ml/½ pt/1¼ csésze forrásban lévő víz

1 kocka marhaalaplé

Só és frissen őrölt fekete bors

A hagymát, a fokhagymát és a marhahúst összetörjük. Egy 20 cm/8 átmérőjű tűzálló edénybe terítjük (holland sütő). Karikává formázzuk az edény szélét úgy, hogy a közepén hagyjunk egy kis lyukat. Lefedjük egy tányérral, és 5 percig főzzük. Szakíts egy villával. Dolgozzuk bele a lisztet, a curryt, a chutneyt és a paradicsompürét.Fokozatosan keverjük hozzá a vizet, majd morzsoljuk bele az alapleveskockát.Fedjük le fóliával (műanyag fóliával) és vágjuk kétszer, hogy a gőz távozzon. Főzzük teljesen 15 percig, háromszor fordítsuk meg az edényt. Hagyja állni 4 percig. Kóstoljuk meg, keverjük össze és tálaljuk.

Marhagulyás

6-ot szolgál ki

40 g/1½ uncia/3 evőkanál vaj, margarin vagy disznózsír

675 g/1½ lb pörkölt steak, kis kockákra vágva

2 nagy hagyma, lereszelve

1 közepes zöldpaprika kimagozva és apróra vágva

2 gerezd fokhagyma, zúzott

4 paradicsom, blansírozva, meghámozva és apróra vágva

45 ml/3 evőkanál paradicsompüré (tészta)

15 ml/1 evőkanál paprika

5 ml/1 teáskanál kömény

5 ml/1 teáskanál só

300 ml/½ pt/1¼ csésze forrásban lévő víz

150 ml/¼ pt/2/3 csésze tejsavas tejszín

Tegye a zsírt egy 1,75 literes/3 pt/7½ csésze edénybe. Felolvasztjuk, fedő nélkül, töltve 1 percig. Keverjük hozzá a húst, a hagymát, a borsot és a fokhagymát, fedjük le fóliával (műanyag fóliával), és vágjuk kétszer, hogy a gőz távozzon. Főzzük teljesen 15 percig, négyszer fordítsuk meg az edényt. Fedjük le és keverjük bele a paradicsomot, a paradicsompürét, a paprikát és a köményt.Fedjük le, mint korábban, és főzzük 15 percig, miközben az edényt négyszer megforgatjuk. Sózzuk, és óvatosan hozzákeverjük a forrásban lévő vízzel, mély tányérokba öntjük és mindegyiket bőven megkenjük a tejszínnel.

Marhagulyás főtt burgonyával

6-ot szolgál ki

Elkészítjük, mint a marhagulyást, de a tejszínt elhagyjuk, és minden adaghoz 2-3 egész főtt burgonyát teszünk.

Vajas bab és marhapörkölt paradicsommal

6-ot szolgál ki

425 g/15 uncia/1 nagy konzerv vajbab
275 g/10 oz/1 dobozos paradicsomleves
30 ml/2 evőkanál szárított hagyma
6 szelet párolt steak, kb. Egyenként 125 g, laposra felvert
Só és frissen őrölt fekete bors

Helyezze a babot, a levest és a hagymát egy 20 cm/8 átmérőjű tűzálló edénybe (holland sütő). Fedjük le egy tányérral, és főzzük 6 percig, háromszor megkeverve. Rendezzük el a steakeket az edény szélén. Fedjük le fóliával (műanyag fóliával), és vágjuk kétszer, hogy a gőz távozzon. Főzzük teljesen 17 percig, háromszor fordítsuk meg az edényt. 5 percig állni hagyjuk. Tálalás előtt fedjük le és kóstoljuk meg.

Marhahús és paradicsom torta

2-3

275 g/10 uncia/2½ csésze darált marhahús

30 ml/2 evőkanál sima (univerzális) liszt

1 tojás

5 ml/1 teáskanál hagymapor

150 ml/¼ pt/2/3 csésze paradicsomlé

5 ml/1 teáskanál szójaszósz

5 ml/1 teáskanál szárított oregánó

Főtt tészta a tálaláshoz

Alaposan zsírozzon ki egy 900 ml/1½ pt/3¾ csésze ovális tortaformát. Keverjük össze a marhahúst az összes többi hozzávalóval, és egyenletesen osszuk el az edényben. Fedjük le fóliával (műanyag fóliával), és vágjuk kétszer, hogy a gőz távozzon. Főzzük teljesen 7 percig, kétszer megfordítva az edényt. 5 percig állni hagyjuk. Vágjuk két-három részre, és forrón tálaljuk tésztával.

Marhahús és gombás kebab

Szerver 4

24 friss vagy szárított babérlevél

½ pirospaprika, kis négyzetekre vágva

½ zöldpaprika, kis négyzetekre vágva

750 g/1½ font grill (sült) steak, vágva és 2,5 cm-es kockákra vágva

175 g gomba

50 g/2 uncia/¼ csésze vaj vagy margarin, konyhai hőmérsékleten

5 ml/1 teáskanál paprika

5 ml/1 teáskanál Worcestershire szósz

1 gerezd fokhagyma, zúzott

175 g/6 uncia/1½ csésze rizs, főtt

Ha szárított babérlevelet használ, tegye egy kis edénybe, adjon hozzá 90 ml/6 evőkanál vizet, és fedje le egy csészealjjal. Teljesen melegítjük 2 percig, hogy megpuhuljon. Tedd egy edénybe a paprika négyzeteket, és öntsd le vízzel. Lefedjük egy tányérral, és 1 percig melegítjük, hogy megpuhuljon. A borsot és a babérlevelet leszűrjük. Szűz marhahúst, gombát, paprikakockákat és babérlevelet tizenkét 10 cm/4-es fanyársra. Tegye a kebabot küllőkszerűen egy kerékre egy 25 cm/10 átmérőjű mély tálba. A vajat vagy a margarint, a paprikát, a Worcestershire szószt és a fokhagymát egy kis edénybe tesszük, és fedő nélkül 1 percig melegítjük. Kenjük át a kebabot. Fedő nélkül 8 percig főzzük, négyszer megfordítva az edényt. Óvatosan fordítsa meg a kebabot, és kenje meg a vajas keverékkel. Főzzük még 4 percig teljesen, kétszer megfordítva az edényt. Rizságyra helyezzük, és az edényből származó levével leöntjük. Engedjen meg három kebabot per személy.

Töltött bárány

Szerver 4

Itt egy kis közel-keleti megközelítés. A bárányt meleg pita kenyérrel és olajbogyóval és kapribogyóval megszórt zöldsalátával tálaljuk.

4 db báránynyakfilé, kb. 15 cm hosszú és 675 g/½ font egyenként
3 nagy szelet ropogós fehér kenyér, felkockázva
1 hagyma, 6 kockára vágva
45 ml/3 evőkanál pirított fenyőmag
30 ml/2 evőkanál ribizli
2,5 ml/½ teáskanál só
150 g/5 uncia/2/3 csésze vastag natúr görög joghurt
Őrölt fahéj
8 gomba gomba
15 ml/1 evőkanál olívaolaj

Vágja le a bárányhús zsírját. Minden darabon hosszában hasítson, ügyelve arra, hogy ne vágja át egyenesen a húst. A kenyérkockákat és a hagymadarabokat aprítógépben vagy turmixgépben összedaráljuk. Egy tálba kaparjuk, és belekeverjük a fenyőmagot, a ribizlit és a sót, egyenlő mennyiségben elosztjuk a báránydarabokban, és fa koktélrudakkal (fogpiszkálóval) rögzítjük. Egy 25 cm/10 átmérőjű mély edényben négyzet alakúra rendezzük. Megkenjük az összes joghurttal, és enyhén megszórjuk fahéjjal. Véletlenszerűen megszórjuk a gombával, és vékonyan bekenjük olajjal. Fedjük le fóliával (műanyag fóliával), és vágjuk kétszer, hogy a gőz távozzon. Főzzük teljesen 16 percig, négyszer fordítsuk meg az edényt. 5 percig állni hagyjuk, majd tálaljuk.

Ment bárány kebab

6-ot szolgál ki

900 g/2 font báránynyak, nyírva
12 nagy mentalevél
60 ml/4 evőkanál sűrű natúr joghurt
60 ml/4 evőkanál paradicsom ketchup (catsup)
1 gerezd fokhagyma, zúzott
5 ml/1 teáskanál Worcestershire szósz
6 pita kenyér, meleg
Saláta levelek, paradicsom és uborka szeletek

A húst 2,5 cm/1-es kockákra vágjuk. Húzzon fel hat fa nyársat felváltva a mentalevéllel. Rendezd el úgy, mint egy kerék küllőit egy 25 cm/10 átmérőjű mély edényben. A joghurtot, a ketchupot, a fokhagymát és a Worcestershire szószt alaposan összekeverjük, majd a keverék felét a kebabra kenjük. Fedő nélkül 8 percig főzzük, kétszer megfordítva az edényt. Fordítsa meg a kebabot, és kenje meg a maradék grillezővel. Főzzük még 8 percig teljesen, kétszer megfordítva az edényt. 5 percig állni hagyjuk. A pita kenyereket rövid ideig melegítse a grill alatt (brojler), amíg fel nem puffad, majd vágja be a hosszú szélét, hogy zsebet készítsen. Vegyük le a húst a nyársról, és dobjuk ki a babérleveleket. Csomagolja be a bárányhúst a pittába, majd adjon hozzá egy-egy adag salátát.

Klasszikus báránykebab

6-ot szolgál ki

900 g/2 font báránynyak, nyírva
12 nagy mentalevél

30 ml/2 evőkanál vaj vagy margarin
5 ml/1 teáskanál fokhagymás só
5 ml/1 teáskanál Worcestershire szósz
5 ml/1 teáskanál szójaszósz
2,5 ml/½ teáskanál paprika
6 pita kenyér, meleg
Saláta levelek, paradicsom és uborka szeletek

A húst 2,5 cm/1-es kockákra vágjuk. Húzzon fel hat fa nyársat felváltva a mentalevéllel. Rendezd el úgy, mint egy kerék küllőit egy 25 cm/10 átmérőjű mély edényben. Olvasszuk fel a vajat vagy a margarint Fullon 1 percig, majd adjuk hozzá a fokhagymás sót, a Worcestershire szószt, a szójaszószt és a paprikát, és alaposan keverjük össze. Kenjük meg a keverék felét a kebabokkal. Fedő nélkül 8 percig főzzük, kétszer megfordítva az edényt. Fordítsa meg a kebabot, és kenje meg a maradék grillezővel. Főzzük még 8 percig teljesen, kétszer megfordítva az edényt. 5 percig állni hagyjuk. A pita kenyereket rövid ideig melegítse a grill alatt (brojler), amíg fel nem puffad, majd vágja be a hosszú szélét, hogy zsebet készítsen. Vegyük le a húst a nyársról, és dobjuk ki a babérleveleket. Csomagolja be a bárányhúst a pittába, majd adjon hozzá egy-egy adag salátát.

Közel-keleti bárány gyümölccsel

4-6

Ez a finoman fűszerezett és gyümölcsös bárányétel visszafogott eleganciát ad, amit pirított fenyőmaggal és mandulapelyhekkel díszített bevonat fokoz. Joghurttal és vajas rizzsel tálaljuk.

675 g/1½ font csont nélküli bárány, lehetőleg sovány
5 ml/1 teáskanál őrölt fahéj
2,5 ml/½ teáskanál őrölt szegfűszeg
30 ml/2 evőkanál világos puha barna cukor
1 hagyma, apróra vágva
30 ml/2 evőkanál citromlé
10 ml/2 tk kukoricaliszt (kukoricakeményítő)
15 ml/1 evőkanál hideg víz
7,5-10 ml/1½-2 teáskanál só
400g/14oz/1 nagy ónos barackszelet natúr vagy almalében, lecsepegve
30 ml/2 evőkanál pörkölt fenyőmag
30 ml/2 evőkanál pehely mandula

A bárányt apró kockákra vágjuk. Helyezze egy 1,75 literes/3 pt/7½ csésze rakott edénybe (holland sütő). Keverjük össze a fűszereket, a cukrot, a hagymát és a citromlevet, és adjuk az edényhez. Tányérral letakarva 5 percig főzzük, majd 5 percig állni hagyjuk. Ismételje meg háromszor, minden alkalommal jól keverje meg. A kukoricadarat és a vizet keverjük sima masszává. A bárányhúsból leöntjük a folyadékot, majd hozzáadjuk a kukoricadara keveréket és a sót. Ráöntjük a bárányra, és jól elkeverjük. Fedő nélkül, 2 percig főzzük. Keverjük hozzá az őszibarackszeleteket, és fedő nélkül főzzük még 1,5 percig. Megszórjuk fenyőmaggal és mandulával, és tálaljuk.

Gúnyos ír pörkölt

Szerver 4

675 g/1 ½ font kockára vágott párolt bárányhús
2 nagy hagyma, durvára reszelve
450 g/1 font burgonya, apróra vágva
300 ml/½ pt/1 ¼ csésze forrásban lévő víz
5 ml/1 teáskanál só
45 ml/3 evőkanál apróra vágott petrezselyem

Távolítsa el a felesleges zsírt a bárányhúsról. Helyezze a húst és a zöldségeket egy rétegben egy 25 cm/10 átmérőjű mély edénybe. Fedjük le fóliával (műanyag fóliával), és vágjuk kétszer, hogy a gőz távozzon. Főzzük 15 percig, kétszer megfordítva az edényt. Keverjük össze a vizet és a sót, öntsük a húsra és a zöldségekre, alaposan keverjük össze. Fedjük le, mint korábban, és főzzük teljesen 20 percig, háromszor fordítsuk meg az edényt. 10 percig állni hagyjuk. Tálalás előtt fedjük le és szórjuk meg petrezselyemmel.

Gazda felesége Báránykaraj

Szerver 4

3 hideg főtt burgonya, vékonyra szeletelve
3 hideg főtt sárgarépa vékonyra szeletelve

4 sovány bárányszelet, egyenként 150 g/5 uncia

1 kisebb hagyma, lereszelve

1 forrásban lévő (fanyar) alma meghámozva és lereszelve

30 ml/2 evőkanál almalé

Só és frissen őrölt fekete bors

15 ml/1 evőkanál vaj vagy margarin

A burgonya- és sárgarépaszeleteket egyetlen rétegben egy 20 cm/8 átmérőjű mélytál aljára helyezzük. A tetejére helyezzük a szeleteket. Megszórjuk hagymával és almával, majd leöntjük a levét. Ízlés szerint fűszerezzük, és meglocsoljuk vaj- vagy margarinpelyhekkel. Fedjük le fóliával (műanyag fóliával), és vágjuk kétszer, hogy a gőz távozzon. Főzzük 15 percig, kétszer megfordítva az edényt. Tálalás előtt 5 percig állni hagyjuk.

Lamb Hotpot

Szerver 4

675 g/1½ font burgonya, nagyon vékonyra szeletelve

2 hagyma, nagyon vékonyra szeletelve

3 sárgarépa, nagyon vékonyra szeletelve

2 nagy szár zeller, átlósan vékony csíkokra vágva
8 legjobb nyakvég bárányszelet, kb. 1 kg/2 font összesen
1 kocka marhaalaplé
300 ml/½ pt/1¼ csésze forrásban lévő víz
5 ml/1 teáskanál só
25 ml/1½ evőkanál olvasztott vaj vagy margarin

Az előkészített zöldségek felét rétegesen elrendezzük egy enyhén kikent 2,25 literes/4 pt/10 csésze rakott edényben (holland sütő). A tetejére helyezzük a szeleteket, és befedjük a maradék zöldségekkel. Fedjük le fóliával (műanyag fóliával), és vágjuk kétszer, hogy a gőz távozzon. Főzzük teljesen 15 percig, háromszor fordítsuk meg az edényt. Vegye ki a mikrohullámú sütőből, és fedje le. A leveskockát a vízbe morzsoljuk, és hozzáadjuk a sót. Óvatosan öntse le a serpenyő oldalát. A tetejére vajat vagy margarint csorgatunk. Fedjük le, mint korábban, és főzzük teljesen 15 percig. Tálalás előtt 6 percig állni hagyjuk.

Báránykenyér mentával és rozmaringgal

Szerver 4

450 g/1 font/4 csésze darált (őrölt) bárányhús
1 gerezd fokhagyma, zúzott
2,5 ml/½ teáskanál szárított morzsolt rozmaring

2,5 ml/½ teáskanál szárított menta
30 ml/2 evőkanál sima (univerzális) liszt
2 nagy tojás, felverve
2,5 ml/½ teáskanál só
5 ml/1 teáskanál barna asztali szósz
Reszelt szerecsendió

Enyhén zsírozzon ki egy 900 ml/1½ pt/3¾ csésze ovális tortaformát. A szerecsendió kivételével az összes hozzávalót összekeverjük, és egyenletesen elosztjuk az edényben. Fedjük le fóliával (műanyag fóliával), és vágjuk kétszer, hogy a gőz távozzon. Főzzük teljesen 8 percig, kétszer megfordítva az edényt. Hagyjuk állni 4 percig, majd fedjük le és szórjuk meg szerecsendióval. A tálaláshoz darabokra vágjuk.

Báránypörkölt paradicsommal

6-ot szolgál ki

Készítsd el úgy, mint a paradicsomos csirkepörköltnél, de a kicsontozott és durvára vágott bárányhúst cseréld a csirkére.

Bárány Biryani

4-6

5 kardamom hüvely
30 ml/2 evőkanál napraforgóolaj

450 g/1 font nyírt bárányfilé, apró kockákra vágva
2 gerezd fokhagyma, zúzott
20 ml/4 teáskanál garam masala
225 g/8 uncia/1 ¼ csésze enyhén főtt hosszú szemű rizs
600 ml/1 pt/2½ csésze forró csirkehúsleves
10 ml/2 teáskanál só
125 g/4 oz/1 csésze pelyhes (szeletelt) mandula, pirítva

Vágja ketté a kardamom hüvelyeket, hogy eltávolítsa a magokat, majd törje össze a magokat mozsártörővel. Melegítse fel az olajat egy 1,5 literes/3 pt/7½ csésze rakott edényben (holland sütőben) 1,5 percig. Adjuk hozzá a bárányhúst, a fokhagymát, a kardamommagot és a garam masala-t. Jól összekeverjük, és az edény széle mentén elrendezzük, a közepén egy kis lyukat hagyva. Fedjük le fóliával (műanyag fóliával), és vágjuk kétszer, hogy a gőz távozzon. Forraljuk teljesen 10 percig. Fedjük le és keverjük hozzá a rizst, az alaplét és a sót, fedjük le, mint korábban, és főzzük 15 percig. Hagyd állni 3 percig, majd öntsd meleg tányérokra, és szórd meg minden adagot mandulával.

Díszített Biriani

4-6

A báránybirianihoz hasonlóan elkészítjük, de a birianit egy felmelegített tálra rakjuk, és apróra vágott keményre főtt tojással, paradicsomszeletekkel, korianderlevéllel és pirított (pirított) apróra vágott hagymával díszítjük.

Muszaka

6-8

Türelemre lesz szüksége ennek a többrétegű bárányhúsból készült görög klasszikusnak a főzéséhez, de az eredmény megéri a fáradságot. A buggyantott padlizsán (padlizsán) szeletek kevésbé gazdaggá és könnyebben emészthetővé teszik, mint egyes változatok.

A padlizsán rétegekhez:

675 g/1½ font padlizsán

75 ml/5 evőkanál forró víz

5 ml/1 teáskanál só

15 ml/1 evőkanál friss citromlé

A húsos rétegekhez:

40 g/1½ oz/3 evőkanál vaj, margarin vagy olívaolaj

2 hagyma, apróra vágva

1 gerezd fokhagyma, zúzott

350g/12oz/3 csésze hidegen főtt darált (őrölt) bárány

125 g/4 uncia/2 csésze friss fehér kenyérmorzsa

Só és frissen őrölt fekete bors

4 paradicsom, blansírozva, meghámozva és felszeletelve

A szószhoz:

425 ml/¾ pt/kicsi 2 csésze teljes tej

40 g/1½ oz/3 evőkanál vaj vagy margarin

45 ml/3 evőkanál sima (univerzális) liszt

75 g/3 uncia/¾ csésze cheddar sajt, reszelve

1 tojássárgája

Muszaka burgonyával

6-8

Készítsük el úgy, mint a muszakát, de a padlizsánt (padlizsánt) cseréljük szeletelt főtt burgonyára.

Gyors muszaka

3-4

Gyors alternatíva elfogadható ízzel és állaggal.

1 padlizsán (padlizsán), kb. 225 g/8 uncia

15 ml/1 evőkanál hideg víz

300 ml/½ pt/1¼ csésze hideg tej

300 ml/½ pt/1¼ csésze víz

1 csomag instant burgonyapüré tálaláshoz 4

225 g/8 uncia/2 csésze hidegen főtt darált (őrölt) bárányhús

5 ml/1 teáskanál szárított majoránna

5 ml/1 teáskanál só

2 gerezd fokhagyma, zúzott

3 paradicsom, blansírozva, meghámozva és felszeletelve

150 ml/¼ pt/2/3 csésze sűrű görög joghurt

1 tojás

Só és frissen őrölt fekete bors

50 g/2 uncia/½ csésze cheddar sajt, reszelve

A padlizsán tetejét és farkát, és hosszában félbevágjuk. Tedd őket egy sekély edénybe, vágd le az oldalukat a tetején, és öntsd meg hideg vízzel. Fedjük le fóliával (műanyag fóliával), és vágjuk kétszer, hogy a gőz távozzon. Főzzük 5½-6 percig, amíg megpuhul. 2 percig állni hagyjuk, majd leszűrjük. Egy tálba öntjük a tejet és a vizet, majd belekeverjük a szárított burgonyát, majd tányérra lefedve főzzük 6 percig. Jól elkeverjük, majd belekeverjük a bárányhúst, a majoránnát, a sót és a fokhagymát.A hámozatlan padlizsánt felszeleteljük. Helyezze el a padlizsánszeleteket és a burgonyakeveréket felváltva egy 2,25 literes/4 pt/10 csésze zsírozott tepsibe (holland sütő), a paradicsomszeletek felét használva „szendvics tölteléket" alakítson ki a közepén. Fedjük le a maradék paradicsomszeletekkel. A joghurtot és a tojást habosra keverjük, megkóstoljuk. Ráöntjük a paradicsomra, és megszórjuk a sajttal. Fedjük le fóliával, mint korábban. Főzzük teljesen 7 percig. Tálalás előtt fedjük le és süssük meg forró grill (broiler) alatt.

Bárány hús

Szerver 4

Készítse el úgy, mint az alap darált, de a darált (darált) bárányt helyettesítse a darált marhahússal.

Pásztor Pite

Szerver 4

Készítse el úgy, mint az alap darált, de a báránydarált marhahúsra cserélje. Hűtsük le langyosra, majd tegyük át egy 1 liter/1¾ pt/4½ csésze zsírozott piteformába. A tetejére öntsön 750 g/1½ font forró burgonyapürét 15-30 ml/1-2 evőkanál vajjal vagy margarinnal és 60 ml/4 evőkanál forró tejjel. Sóval és frissen őrölt fekete borssal jól ízesítjük. Rákenjük a húskeverékre, majd villával felpörgetjük. Fedő nélkül melegítse újra 2-3 percig, vagy süsse meg forró grill alatt (brojler).

Vidéki máj vörösborban

Szerver 4

25 g/1 uncia/2 evőkanál vaj vagy margarin
2 hagyma, lereszelve
450 g/1 font báránymáj, vékony csíkokra vágva
15 ml/1 evőkanál sima (univerzális) liszt
300 ml/½ pt/1¼ csésze vörösbor
15 ml/1 evőkanál sötét puha barna cukor
1 kocka marhaaláplé, morzsolva
30 ml/2 evőkanál apróra vágott petrezselyem
Só és frissen őrölt fekete bors
Vajban főtt burgonya és enyhén főtt reszelt káposzta, tálaláshoz

Tegye a vajat vagy a margarint egy 25 cm/10 átmérőjű mélytálba. Felolvasztjuk, fedő nélkül, kiolvasztva 2 percig. Keverjük hozzá a hagymát és a májat, fedjük le egy tányérra, és főzzük 5 percig. Keverje össze az összes többi hozzávalót, kivéve a sót és a borsot. Fedjük le egy tányérral, és főzzük 6 percig, kétszer megkeverve. Hagyja állni 3 percig. Ízlés szerint fűszerezzük, és vajas főtt burgonyával és káposztával tálaljuk.

Máj és szalonna

4-6

2 hagyma, lereszelve
8 bacon szelet (szelet), durvára vágva
450 g/1 font báránymáj, apró kockákra vágva
45 ml/3 evőkanál kukoricaliszt (kukoricakeményítő)
60 ml/4 evőkanál hideg víz
150 ml/¼ pt/2/3 csésze forrásban lévő víz
Só és frissen őrölt fekete bors

Helyezze a hagymát és a szalonnát egy 1,75 literes/3 pt/7½ csésze rakott edénybe (holland sütő). Fedő nélkül 7 percig főzzük, kétszer megkeverve. Belekeverjük a májat, tányérra lefedjük, és háromszor megkeverve 8 percig főzzük. A kukoricadarát a hideg vízzel sima masszává keverjük. Keverjük hozzá a májat és a hagymát, majd fokozatosan forraljuk fel a forrásban lévő vizet, majd fedjük le egy tányérral, és főzzük 6 percig, háromszor megkeverve. Hagyja állni 4 percig. Kóstoljuk meg és tálaljuk.

Máj és bacon almával

4-6

Elkészítjük, mint a májat és a szalonnát, de 1 étkezési (desszert) almát meghámozva és lereszelve cseréljünk ki az egyik hagymára. A forrásban lévő víz felét szobahőmérsékleten almalével pótoljuk.

Vese vörösborban pálinkával

Szerver 4

6 bénult vese

30 ml/2 evőkanál vaj vagy margarin

1 hagyma, finomra vágva

30 ml/2 evőkanál sima (univerzális) liszt

150 ml/¼ pt/2/3 csésze száraz vörösbor

2 marhahúsleves kocka

50 g/2 uncia gomba, szeletelve

10 ml/2 tk paradicsompüré (tészta)

2,5 ml/½ teáskanál paprika

2,5 ml/½ teáskanál mustárpor

30 ml/2 evőkanál apróra vágott petrezselyem

30 ml/2 evőkanál brandy

A veséket meghámozzuk és felezzük, majd kivágjuk a magokat, és egy éles késsel dobjuk ki. Nagyon vékonyra szeleteljük. A vaj felét fedetlenül olvasszuk fel a kiolvasztásban 1 percig. Keverje hozzá a vesét, és tegye félre. Helyezze a maradék vajat és a hagymát egy 1,5 literes/2½ pt/6 csésze edénybe. Fedő nélkül 2 percig főzzük, egyszer megkeverjük. Belekeverjük a lisztet, majd a bort. Fedő nélkül, 3 percig főzzük, percenként gyorsan megkeverve. Morzsoljuk bele a húsleveskockákat, majd keverjük hozzá a gombát, a paradicsompürét, a paprikát, a mustárt és a vesét vajjal vagy margarinnal. Keverjük össze alaposan. Fedjük le fóliával (műanyag fóliával), és vágjuk kétszer, hogy a gőz távozzon. Főzzük teljesen 5 percig, egyszer megforgatjuk. Hagyd állni 3 percig, majd fedd le és szórd meg petrezselyemmel. Egy csészében 10-15 másodpercig melegítse a pálinkát. Öntsük rá a vese keveréket és gyújtsuk meg.

Vadpecsenyék laskagombával és kéksajttal

Szerver 4

Só és frissen őrölt fekete bors
8 kis szarvas steak
5 ml/1 teáskanál borókabogyó, összetörve
5 ml/1 teáskanál Provence-i gyógynövények
30 ml/2 evőkanál olívaolaj
300 ml/½ pt/1¼ csésze száraz vörösbor
60 ml/4 evőkanál gazdag marhaalaplé
60 ml/4 evőkanál gin
1 hagyma, apróra vágva
225 g laskagomba, vágva és szeletelve
250 ml/8 fl oz/1 csésze egyszínű (könnyű) krém
30 ml/2 evőkanál ribizli zselé (tisztán tartósított)
60 ml/4 ek kéksajt, morzsolva
30 ml/2 evőkanál apróra vágott petrezselyem

A szarvashúst ízlés szerint fűszerezzük, majd beledolgozzuk a borókabogyót és a Provence-i fűszernövényeket, majd az olajat egy serpenyőben Full fokozaton 2 percig hevítjük. Hozzáadjuk a steakeket, és fedő nélkül 3 percig főzzük, egyszer megforgatva. Adjuk hozzá a bort, a húslevest, a gint, a hagymát, a gombát, a tejszínt és a ribizli zselét. Fedjük le fóliával (műanyag fóliával), és vágjuk kétszer, hogy a gőz távozzon. Közepes lángon 25 percig főzzük, négyszer megfordítva az edényt. Keverjük hozzá a sajtot, majd fedjük le hőálló tányérral, és főzzük 2 percig. Hagyd állni 3 percig, majd fedd le, és petrezselyemmel díszítve tálald.

.

Kis tészta elkészítése

Kövesse az utasításokat a nagy tészta főzéséhez, de csak 4-5 percig főzzük. Letakarva 3 percig állni hagyjuk, majd leszűrjük és tálaljuk.

Kínai tészta és gomba saláta dióval

6-ot szolgál ki

30 ml/2 evőkanál szezámolaj

175 g gomba szeletelve

250g/9oz szál tojásos tészta

7,5 ml/1½ teáskanál só

75 g/3 uncia/¾ csésze darált dió

5 újhagyma (hagyma), apróra vágva

30 ml/2 evőkanál szójaszósz

Fedő nélkül melegítse fel az olajat kiolvasztáskor 2 és fél percig. Adjuk hozzá a gombát. Fedjük le egy tányérral, és főzzük 3 percig, kétszer megkeverve. Félretesz, mellőz. Helyezze a tésztát egy nagy tálba, és öntsön hozzá annyi forrásban lévő vizet, hogy 5 cm/2-rel a tészta szintje fölé kerüljön. Keverjük hozzá a sót, és fedő nélkül főzzük 4-5 percig, amíg a tészta megduzzad és megpuhul.

Lecsepegtetjük és hagyjuk kihűlni. Keverjük hozzá a többi hozzávalót, beleértve a gombát is, és jól keverjük össze.

Paprika makaróni

2. szerver

300 ml/½ pt/1¼ csésze paradicsomlé

125 g/4 uncia/1 csésze könyökmakaróni

5 ml/1 teáskanál só

30 ml/2 evőkanál fehérbor, melegítve

1 kis piros vagy zöld paprika kimagozva és apróra vágva

45 ml/3 evőkanál olívaolaj

75 g/3 uncia/¾ csésze Gruyère (svájci) vagy ementáli sajt, reszelve

30 ml/2 evőkanál apróra vágott petrezselyem

Öntse a paradicsomlevet egy 1,25 literes/2¼ pt/5½ csésze edénybe. Fedjük le egy tányérral, és melegítsük 3½-4 percig, amíg nagyon forró és buborékos nem lesz. Keverje hozzá az összes többi hozzávalót, kivéve a sajtot és a petrezselymet. Fedjük le, mint korábban, és főzzük 10 percig, kétszer megkeverve. 5 percig állni hagyjuk. Megszórjuk sajttal és petrezselyemmel. Melegítsük újra, fedő nélkül, teljesen kb. 1 percig, amíg a sajt megolvad.

Családi makaróni sajt

6-7

A kényelem kedvéért ez a recept egy nagy családi étkezéshez készült, de az esetleges maradékot adagonként felmelegíthetjük a mikrohullámú sütőben.

350 g/12 uncia/3 csésze könyökös makaróni

10 ml/2 teáskanál só

30 ml/2 evőkanál kukoricaliszt (kukoricakeményítő)

600 ml/1 pt/2½ csésze hideg tej

1 tojás, felvert

10 ml/2 tk mustár

Frissen őrölt fekete bors

275 g/10 uncia/2½ csésze cheddar sajt, reszelve

Tegye a makarónit egy mély edénybe. Keverjük hozzá a sót és annyi forrásban lévő vizet, hogy 5 cm/2-rel a tészta szintje fölé kerüljön. Főzzük, fedő nélkül, telt főzve kb. 10 percig, amíg megpuhul, háromszor keverjük meg. Szükség esetén lecsepegtetjük. majd hagyjuk, amíg elkészül a szósz. Egy külön nagy tálban a kukoricadarát egyenletesen elkeverjük a hideg tej egy részével, majd belekeverjük a többit is.Fedő nélkül 6-7 percig főzzük, amíg egyenletesen besűrűsödik, percenként kavargatva. Hozzákeverjük a tojást, a mustárt és a borsot, majd a sajt kétharmadát és az összes makarónit. Egy villával alaposan keverjük össze. Kenjük el egyenletesen egy kivajazott, 30 cm/12 átmérőjű edényben. A tetejére szórjuk a maradék sajtot. Melegítsük újra fedő nélkül, 4-5 percig. Ha szereted, tálalás előtt gyorsan pirítsd meg forró grill alatt (brojler).

Klasszikus makaróni sajt

4-5

Ez a változat valamivel gazdagabb, mint a családi makaróni sajt, és számos variációra alkalmas.

225 g/8 uncia/2 csésze könyökös makaróni

7,5 ml/1½ teáskanál só

30 ml/2 evőkanál vaj vagy margarin

30 ml/2 evőkanál sima (univerzális) liszt

300 ml/½ pt/1¼ csésze tej

225 g cheddar sajt, reszelve

5-10 ml/1-2 tk elkészített mustár

Só és frissen őrölt fekete bors

Tegye a makarónit egy mély edénybe. Keverjük hozzá a sót és annyi forrásban lévő vizet, hogy 5 cm/2-rel a tészta szintje fölé kerüljön. Főzzük fedő nélkül 8-10 percig, amíg megpuhul, kétszer-háromszor megkeverve. Tedd a mikrohullámú sütőbe 3-4 percre. Szükség esetén lecsepegtetjük. majd hagyjuk, amíg elkészül a szósz. Olvasszuk fel a vajat vagy a margarint fedő nélkül, amikor kiolvasztjuk 1-1,5 percig.

Hozzákeverjük a lisztet, majd fokozatosan hozzákeverjük a tejet.Fedő nélkül, 6-7 percig főzzük, amíg egyenletesen besűrűsödik, percenként kavargatva. Keverjük hozzá a sajt kétharmadát, majd a mustárt és a fűszerezést, majd a makarónit. Egyenletesen eloszlatjuk egy 20 cm/8 átmérőjű edényben. Megszórjuk a maradék sajttal. Melegítsük újra fedő nélkül, 3-4 percig. Ha szereted, tálalás előtt gyorsan pirítsd meg forró grill alatt (brojler).

Makaróni sajt Stiltonnal

4-5

Készítse el úgy, mint a klasszikus makaróni sajtot, de a cheddar sajt felét cserélje ki 100 g morzsolt Stiltonnal.

Makaróni sajt baconnel

4-5

Készítsd el úgy, mint a klasszikus makaróni sajtot, de keverj bele 6 szelet (szelet) csíkos szalonnát, ropogósra grillezve (sütve), majd morzsolva, mustárral és fűszerezéssel.

Makaróni sajt paradicsommal

4-5

Készítsük el úgy, mint a klasszikus makaróni sajtot, de adjunk hozzá egy réteg paradicsomszeleteket kb. 3 hámozott paradicsom a tészta tetejére, mielőtt megszórjuk a maradék sajttal.

Spagetti Carbonara

Szerver 4

75 ml/5 evőkanál dupla (nehéz) tejszín
2 nagy tojás
100 g/4 uncia/1 csésze pármai sonka, darált
175 g/6 uncia/1½ csésze reszelt parmezán sajt
350 g spagetti vagy más nagy tészta

A tejszínt és a tojást habosra keverjük. Hozzákeverjük a sonkát és a 90 ml/6 evőkanál parmezánt. A spagettit előírás szerint főzzük meg. Lecsepegtetjük és tálalóedénybe tesszük. Adjuk hozzá a tejszínes keveréket, és két favillával vagy kanállal hajtsuk össze. Fedjük le konyhai papírral, és melegítsük 1 és fél percig. Minden adagot a maradék parmezánnal megszórva tálaljuk.

Pizza stílusú makaróni sajt

4-5

225 g/8 uncia/2 csésze könyökös makaróni
7,5 ml/1½ teáskanál só
30 ml/2 evőkanál vaj vagy margarin
30 ml/2 evőkanál sima (univerzális) liszt
300 ml/½ pt/1¼ csésze tej
125 g/4 uncia/1 csésze cheddar sajt, reszelve
125 g/4 uncia/1 csésze mozzarella sajt, aprítva
5-10 ml/1-2 tk elkészített mustár
Só és frissen őrölt fekete bors
212 g/7 uncia/1 kis tonhalkonzerv olajban, lecsöpögtetve és olajjal lekötve
12 db kimagozott (magozott) fekete olajbogyó, szeletelve
1 konzerv pimiento, szeletelve
2 paradicsom blansírozva, meghámozva és durvára vágva
5-10 ml/1-2 teáskanál piros vagy zöld pesto (elhagyható)
Bazsalikom levelek, díszítéshez

Tegye a makarónit egy mély edénybe. Keverjük hozzá a sót és annyi forrásban lévő vizet, hogy 5 cm/2-rel a tészta szintje fölé kerüljön. Főzzük fedő nélkül 8-10 percig, amíg megpuhul, kétszer-háromszor megkeverve. Tedd a mikrohullámú sütőbe 3-4 percre. Szükség esetén lecsepegtetjük. majd hagyjuk, amíg elkészül a szósz. Olvasszuk fel a vajat vagy a margarint fedő nélkül, amikor kiolvasztjuk 1-1,5 percig. Hozzákeverjük a lisztet, majd fokozatosan hozzákeverjük a tejet.Fedő nélkül, 6-7 percig főzzük, amíg egyenletesen besűrűsödik, percenként kavargatva. Keverje hozzá az egyes sajtok kétharmadát, majd a mustárt és a fűszerezést. Keverje hozzá a makarónit, a tonhalat, 15 ml/1 evőkanál tonhalolajat, olívabogyót, pimiento-t, paradicsomot és pestót, ha használ. Egyenletesen eloszlatjuk egy 20 cm/8 átmérőjű edényben. Megszórjuk a maradék sajtokkal. Melegítsük újra fedő nélkül, 3-4 percig. Ha szeretnéd

Spagetti krém újhagymával

Szerver 4

150 ml/¼ pt/2/3 csésze dupla (nehéz) tejszín

1 tojássárgája

150 g/5 uncia/1¼ csésze reszelt parmezán sajt

8 újhagyma (hagyma), apróra vágva

Só és frissen őrölt fekete bors

350 g spagetti vagy más nagy tészta

A tejszínt, a tojássárgáját, a 45 ml/3 evőkanál parmezánt és az újhagymát habosra keverjük. Ízlés szerint jól fűszerezzük. A spagettit előírás szerint főzzük meg. Lecsepegtetjük és tálalóedénybe tesszük. Adjuk hozzá a tejszínes keveréket, és két favillával vagy kanállal hajtsuk össze. Fedjük le konyhai papírral, és melegítsük 1 és fél percig. A maradék parmezán sajtot külön kínáljuk.

Bolognai spagetti

4-6

450 g/1 font/4 csésze sovány darált marhahús
1 gerezd fokhagyma, zúzott
1 nagy hagyma, lereszelve
1 zöldpaprika kimagozva és apróra vágva
5 ml/1 tk olasz fűszerkeverék vagy szárított fűszernövények keveréke
400g/14oz/1 nagy konzerv apróra vágott paradicsom
45 ml/3 evőkanál paradicsompüré (tészta)
1 kocka marhaalaplé
75 ml/5 evőkanál vörösbor vagy víz
15 ml/1 evőkanál sötét puha barna cukor
5 ml/1 teáskanál só
Frissen őrölt fekete bors
350 g/12 uncia frissen főtt és lecsepegtetett spagetti vagy más tészta
Reszelt parmezán sajt

Keverje össze a marhahúst fokhagymával egy 1,75 literes/3 pt/7½ csésze edényben. Fedő nélkül 5 percig főzzük. Keverje össze az összes többi hozzávalót, kivéve a sót, a borsot és a spagettit. Fedjük le egy tányérral, és főzzük 15 percig, miközben villával négyszer megkeverjük, hogy a hús összetörjön. Hagyja állni 4 percig. Sózzuk, borsozzuk és spagettivel tálaljuk. A parmezán sajtot külön kínáljuk.

Spagetti pulyka bolognai szósszal

Szerver 4

Készítsd el úgy, mint a bolognai spagettit, de a marhahúst cseréld le darált (őrölt) pulykával.

Spagetti raguszósszal

Szerver 4

Hagyományos és gazdaságos szósz, amelyet először Angliában használtak a Soho trattoriákban röviddel a második világháború után.

20 ml/4 teáskanál olívaolaj

1 nagy hagyma, apróra vágva

1 gerezd fokhagyma, zúzott

1 kis sárgarépa, lereszelve

250g/8oz/2 csésze sovány darált marhahús

10 ml/2 tk sima (univerzális) liszt

15 ml/1 evőkanál paradicsompüré (tészta)

300 m/½ pt/1¼ csésze marhahúsleves

45 ml/3 evőkanál száraz fehérbor

1,5 ml/¼ teáskanál szárított bazsalikom

1 kis babérlevél

175 g gomba durvára vágva

Só és frissen őrölt fekete bors

350 g/12 uncia frissen főtt és lecsepegtetett spagetti vagy más tészta

Reszelt parmezán sajt

Helyezzen olajat, hagymát, fokhagymát és sárgarépát egy 1,75 literes/3 pt/7½ csésze edénybe. Melegen, fedetlenül, 6 percig telt állapotban.

Adja hozzá az összes többi hozzávalót, kivéve a sót, a borsot és a spagettit. Fedjük le egy tányérral, és főzzük 11 percig, háromszor megkeverve. Hagyja állni 4 percig. Sózzuk, borsozzuk, eltávolítjuk a babérlevelet, és a spagettivel tálaljuk. A parmezán sajtot külön kínáljuk.

Spagetti vajjal

Szerver 4

350g/12oz tészta

60 ml/4 evőkanál vaj vagy olívaolaj

Reszelt parmezán sajt

A tésztát előírás szerint főzzük ki. Lecsepegtetjük és egy nagy tálba tesszük vajjal vagy olívaolajjal. Két kanállal addig keverjük, amíg a tészta jól be nem vonódik. Öntsük négy meleg tányérra, és mindegyikre tegyünk reszelt parmezán sajtot.

Tészta fokhagymával

Szerver 4

350g/12oz tészta
2 gerezd fokhagyma, zúzott
50g/2oz vaj
10 ml/2 teáskanál olívaolaj
30 ml/2 evőkanál apróra vágott petrezselyem
Reszelt parmezán sajt
Rakéta vagy radicchio levelek, aprítva

A tésztát előírás szerint főzzük ki. Hevítsük fel a fokhagymát, a vajat és az olajat Fullon 1 és fél percig. Belekeverjük a petrezselymet, a tésztát lecsepegtetjük és egy tálba tesszük. Adjuk hozzá a fokhagymás keveréket, és keverjük össze két fakanállal. Parmezánnal megszórva és reszelt rakéta- vagy radicchio levelekkel díszítve azonnal tálaljuk.

Spagetti marhahússal és vegyes zöldséges bolognai szósszal

Szerver 4

30 ml/2 evőkanál olívaolaj

1 nagy hagyma, apróra vágva

2 gerezd fokhagyma, zúzott

4 szelet (szelet) csíkos bacon, apróra vágva

1 zellerszár, apróra vágva

1 sárgarépa, lereszelve

125 g gomba, vékonyra szeletelve

225 g/8 uncia/2 csésze sovány darált marhahús

30 ml/2 evőkanál sima (univerzális) liszt

1 pohár száraz vörösbor

150 ml/¼ pt/2/3 csésze passata (szitált paradicsom)

60 ml/4 evőkanál marhaalaplé

2 nagy paradicsom, blansírozva, meghámozva és apróra vágva

15 ml/1 evőkanál sötét puha barna cukor

1,5 ml/¼ teáskanál reszelt szerecsendió

15 ml/1 evőkanál apróra vágott bazsalikomlevél

Só és frissen őrölt fekete bors

350g/12oz frissen főtt és lecsepegtetett spagetti

Reszelt parmezán sajt

Helyezzen olajat, hagymát, fokhagymát, szalonnát, zellert és sárgarépát egy 2 literes/3½ pt/8½ csésze edénybe. Adjuk hozzá a gombát és a húst. Fedő nélkül 6 percig főzzük, kétszer villával megkeverve, hogy a hús feltörjön. Keverje össze az összes többi hozzávalót, kivéve a sót, a borsot és a spagettit. Lefedjük egy tányérral, és háromszor megkeverve 13-15 percig főzzük. Hagyja állni 4 percig. Sózzuk, borsozzuk, és a tésztával tálaljuk. A parmezán sajtot külön kínáljuk.

Spagetti húsmártással és tejszínnel

Szerver 4

Úgy készítsük el, mint a marhahúsos és vegyes zöldséges bolognai szósszal készült spagettit, de a végén keverjünk hozzá 30-45 ml/2-3 evőkanál dupla (nehéz) tejszínt.

Spagetti Marsala húsmártással

Szerver 4

Készítse el úgy, mint a marhahúsos és vegyes zöldséges bolognai szósszal készült spagettit, de a bort cserélje ki Marsalával, és a végén adjon hozzá 45 ml/3 evőkanál Marscapone sajtot.

Pasta alla Marinara

Szerver 4

Ez azt jelenti, "tengerész stílus", és Nápolyból származik.

30 ml/2 evőkanál olívaolaj

3-4 gerezd fokhagyma, összetörve

8 nagy paradicsom, blansírozva, meghámozva és apróra vágva

5 ml/1 teáskanál finomra vágott menta

15 ml/1 evőkanál finomra vágott bazsalikomlevél

Só és frissen őrölt fekete bors

350g/12oz frissen főtt és lecsepegtetett tészta

Reszelt pecorino vagy parmezán sajt a tálaláshoz

Tegye az összes hozzávalót a tésztán kívül egy 1,25 literes/2¼ pt/5½ csésze edénybe. Lefedjük egy tányérral, és háromszor megkeverve 6-7 percig főzzük. Tálaljuk a tésztával, és külön kínáljuk a pecorinót vagy a parmezán sajtot.

Matriciana tészta

Szerver 4

Rusztikus tésztaszósz Olaszország középső Abruzzo régiójából.

30 ml/2 evőkanál olívaolaj
1 hagyma, apróra vágva
5 kiütés (szelet) füstöletlen csíkos bacon, durvára vágva
8 paradicsom, blansírozva, meghámozva és apróra vágva
2-3 gerezd fokhagyma, összetörve
350g/12oz frissen főtt és lecsepegtetett tészta
Reszelt pecorino vagy parmezán sajt a tálaláshoz

Tegye az összes hozzávalót a tésztán kívül egy 1,25 literes/2¼ pt/5½ csésze edénybe. Fedjük le egy tányérral, és főzzük 6 percig, kétszer megkeverve. Tálaljuk a tésztával, és külön kínáljuk a pecorinót vagy a parmezán sajtot.

Tészta tonhalral és kapribogyóval

Szerver 4

15 ml/1 evőkanál vaj
200g/7oz/1 kis tonhalkonzerv olajban
60 ml/4 evőkanál zöldségalaplé vagy fehérbor
15 ml/1 evőkanál kapribogyó, apróra vágva
30 ml/2 evőkanál apróra vágott petrezselyem
350g/12oz frissen főtt és lecsepegtetett tészta
Reszelt parmezán sajt

Tegye a vajat egy 600 ml/1 pt/2½ csésze edénybe, és fedő nélkül olvassa fel 1½ percig. Adjuk hozzá a tonhalkonzerv tartalmát, és pucoljuk fel a halat. Forraljuk fel alaplével vagy borral, kapribogyóval és petrezselyemmel, majd fedjük le egy tányérral, és melegítsük 3-4 percig. Tálaljuk a tésztával, és külön kínáljuk a parmezán sajtot.

Napoletana tészta

Szerver 4

Ezt a meleg és színes ízű, pompás nápolyi paradicsomszószt nyáron lehet a legjobban elkészíteni, amikor a paradicsom a legbőségesebb.

8 nagy érett paradicsom, blansírozva, meghámozva és durvára vágva
30 ml/2 evőkanál olívaolaj
1 hagyma, apróra vágva
2-4 gerezd fokhagyma, összetörve
1 zellerlevél, apróra vágva
15 ml/1 evőkanál apróra vágott bazsalikomlevél
10 ml/2 tk világos puha barna cukor
60 ml/4 evőkanál víz vagy vörösbor
Só és frissen őrölt fekete bors
30 ml/2 evőkanál apróra vágott petrezselyem
350g/12oz frissen főtt és lecsepegtetett tészta
Reszelt parmezán sajt

Helyezze a paradicsomot, az olajat, a hagymát, a fokhagymát, a zellert, a bazsalikomot, a cukrot és a vizet vagy a bort egy 1,25 literes/2¼ pt/5½ csésze edénybe. Jól összekeverni. Fedjük le egy tányérral, és főzzük 7 percig, kétszer megkeverve. Ízlés szerint fűszerezzük, majd belekeverjük a petrezselymet, azonnal tálaljuk a tésztával, és külön kínáljuk a parmezán sajtot.

Pizzaiola tészta

Szerver 4

Elkészítjük, mint a Pasta Napoletana-t, de növeljük a paradicsomot 10-re, hagyjuk ki a hagymát, a zellert és a vizet, és használjunk dupla mennyiségű petrezselymet. Adjon hozzá 15 ml/1 evőkanál friss vagy 2,5 ml/½ teáskanál szárított oregánót petrezselyemmel.

Tészta borsóval

Szerver 4

Készítse el ugyanúgy, mint a Pasta Napoletana esetében, de adjon hozzá 125 g durvára vágott sonkát és 175 g friss borsót a többi hozzávalóval együtt. 9-10 percig főzzük.

Tészta csirkemájszósszal

Szerver 4

225 g/8 uncia csirkemáj

30 ml/2 evőkanál sima (univerzális) liszt

15 ml/1 evőkanál vaj

15 ml/1 evőkanál olívaolaj

1-2 gerezd fokhagyma, összetörve

125 g gomba szeletelve

150 ml/¼ pt/2/3 csésze meleg víz

150 ml/¼ pt/2/3 csésze száraz vörösbor

Só és frissen őrölt fekete bors

350g/12oz tészta, frissen főzve és lecsepegve

Tészta szardella

Szerver 4

*30 ml/2 evőkanál olívaolaj
15 ml/1 evőkanál vaj
2 gerezd fokhagyma, zúzott
50g/2oz/1 kis konzerv szardellafilé olajban
45 ml/3 evőkanál apróra vágott petrezselyem
2,5 ml/½ teáskanál szárított bazsalikom
Frissen őrölt fekete bors
350g/12oz frissen főtt és lecsepegtetett tészta*

Tegye az olajat, a vajat és a fokhagymát egy 600 ml/1 pt/2½ csésze edénybe. A szardellat feldaraboljuk, és a dobozból hozzáadjuk az olajat. Ízlés szerint keverjük hozzá a petrezselymet, a bazsalikomot és a borsot. Fedjük le egy tányérral, és főzzük 3-3 és fél percig. Azonnal tálaljuk a tésztával.

Ravioli mártással

Szerver 4

350g/12oz/3 csésze ravioli

Főzzük meg, mint a nagy tésztákat, majd tálaljuk a fenti paradicsomos tésztaszószok egyikével.

Tortellini

Szerver 4

Engedjen kb. 250 g/9 uncia vásárolt tortellinit, és főzzük úgy, mint a nagy, friss vagy szárított tésztákat. Jól csepegtessük le, adjunk hozzá 25 g sótlan (édes) vajat, és alaposan keverjük össze. Minden adagot reszelt parmezán sajttal megszórva tálaljuk.

Lasagna

4-6

45 ml/3 evőkanál forró víz
Bolognai spagetti szósz
9-10 tányér, amelyet nem kell előfőzni sima, zöld (verdi) vagy barna
(teljes kiőrlésű) lasagne
Sajtos szósz
25 g/1 oz/¼ csésze reszelt parmezán sajt
30 ml/2 evőkanál vaj
Reszelt szerecsendió

Olajjal vagy vajjal egy 20 cm/8-as négyzet alakú edényt. Adjuk hozzá a forró vizet a bolognai szószhoz. Helyezzen egy réteg lasagne lapot az edény aljára, majd egy réteg bolognai szószt, majd egy réteg sajtszószt. Folytassuk a rétegekkel, a sajtmártással fejezzük be. Megszórjuk parmezán sajttal, meglocsoljuk vajjal és megszórjuk szerecsendióval. Fedő nélkül 15 percig főzzük, kétszer megfordítva az edényt. Hagyd állni 5 percig, majd főzd tovább további 15 percig, vagy amíg a lasagne puha nem lesz, ha kést szúr a közepén. (A főzési idő a két szósz kiindulási hőmérsékletétől függően változik.)

Pizza Napoletana

Tedd meg a 4-et

A mikrohullámú sütő nagyszerű munkát végez a pizzákon, amelyek az egész Olaszországban és különösen Nápolyban megtalálható pizzákra emlékeztetnek.

30 ml/2 evőkanál olívaolaj
2 hagyma, meghámozva és apróra vágva
1 gerezd fokhagyma, zúzott
150 g/5 uncia/2/3 csésze paradicsompüré (tészta)
Alap fehér vagy barna kenyértészta
350 g/12 uncia/3 csésze mozzarella sajt, reszelve
10 ml/2 tk szárított oregánó
50g/2oz/1 kis konzerv szardellafilé olajban

Az olajat, a hagymát és a fokhagymát fedő nélkül 5 percig főzzük, kétszer megkeverve. Keverjük hozzá a paradicsompürét, és tegyük félre. Osszuk a tésztát egyenlő arányban négy részre. Mindegyiket akkora kerekre sodorjuk, hogy egy olajozott és lisztezett 20 cm-es lapos tányért ellepjen. Konyhai papírral letakarjuk és 30 percig állni hagyjuk. Mindegyiket megkenjük a paradicsomos keverékkel. Keverjük össze a sajtot oregánóval, és szórjuk meg egyenletesen minden pizzára. Díszítsük a szardellával. Egyenként, konyhapapírral letakarva, 5 percig sütjük, kétszer megfordítva. Egyél azonnal.

Pizza Margherita

Tedd meg a 4-et

Készítsünk úgy, mint a Pizza Napoletana-nál, de cseréljük ki a szárított bazsalikomot oregánóval, és hagyjuk ki a szardellat.

Tenger gyümölcsei pizza

Tedd meg a 4-et

Készülj úgy, mint a Pizza Napoletana esetében. Amikor főtt, dobja rá garnélarákot (garnélarák), kagylót, kagylót stb.

Pizza Siciliana

Tedd meg a 4-et

Készülj úgy, mint a Pizza Napoletana esetében. Amikor megfőtt, a szardella közé szúrjunk 18 kis fekete olajbogyót.

Gombás pizza

Tedd meg a 4-et

Készítse el ugyanúgy, mint a Pizza Napoletana-nál, de szórjon 100 g vékonyra szeletelt gombát a paradicsomos keverékre, mielőtt hozzáadná a sajtot és a fűszernövényeket. Főzzük további 30 másodpercig.

Sonkás és ananászos pizza

Tedd meg a 4-et

Készítse el úgy, mint a Pizza Napoletana-nál, de szórjon 125 g/4 uncia/1 csésze apróra vágott sonkát a paradicsomkeverékre, mielőtt hozzáadná a sajtot és a fűszernövényeket. Vágjon fel 2 doboz ananászkarikát, és terítse el a pizza tetejére. Főzzük további 45 másodpercig.

Pepperoni pizzák

Tedd meg a 4-et

Készítsünk úgy, mint a Pizza Napoletana-nál, de minden pizza tetejére tegyen 6 vékony szelet pepperoni kolbászt.

Vajazott pehely mandula

Csodálatos öntet édes és sós ételekhez.

15 ml/1 evőkanál sótlan (édes) vaj
50 g/2 oz/½ csésze pehely mandula
Sima vagy ízesített só vagy kristálycukor (szuper finom).

Tegye a vajat egy 20 cm/8 átmérőjű, sekély edénybe. Felolvasztjuk, fedetlenül, 45-60 másodpercig. Hozzáadjuk a mandulát, és fedő nélkül 5-6 perc alatt aranybarnára sütjük, percenként megkeverve és megforgatva. A sós ételek tetejére szórjuk sóval, édesnek kristálycukorral.

Mandulareszelék fokhagymás vajban

Úgy készítsük el, mint a vajas pelyhes mandulát, de használjunk bolti fokhagymás vajat. Ez okos feltétet biztosít olyan ételekhez, mint a burgonyapüré, és hozzáadható krémes levesekhez is.

Szárított gesztenye

A mikrohullámú sütő lehetővé teszi a szárított gesztenye főzését és 2 órán belüli felhasználását anélkül, hogy egy éjszakán át áztatnák, majd hosszan tartó forralással. Ezenkívül a hámozás kemény munkáját már elvégezték Ön helyett.

Moss meg 250g/8oz/2 csésze szárított gesztenyét. Öntse egy 1,75 literes/3 pt/7½ csésze edénybe. Keverjünk hozzá 600 ml/1 pt/2½ csésze forrásban lévő vizet, fedjük le egy tányérral, és főzzük 15 percig, háromszor megfordítva az edényt. Tedd a mikrohullámú sütőbe 15 percre. Ismételje meg ugyanazzal a főzési és pihentetési idővel. Fedjük le, adjunk hozzá további 150 ml/¼ pt/2/3 csésze forrásban lévő vizet, és keverjük össze. Fedjük le, mint korábban, és főzzük 10 percig, kétszer megkeverve. Használat előtt hagyja hatni 15 percig.

Gyógynövények szárítása

Ha saját gyógynövényeit termeszti, de nehezen tudja szárítani őket párás és kiszámíthatatlan éghajlaton, a mikrohullámú sütő gyorsan, hatékonyan és tisztán elvégzi a munkát, így az egynyári termést egész télen át élvezheti. hónapok. Minden gyógynövényfajtát önmagában kell szárítani, hogy az íze megmaradjon. Ha később szeretné, több szárított fűszernövény összekeverésével saját keveréket is készíthet.

Kezdje azzal, hogy metszővágóval vagy ollóval vágja le a fűszernövényeket a bokrokról. Húzzuk le a leveleket (rozmaring esetében a tűket) a szárról, és lazán csomagoljuk egy 300 ml/½ pt/1¼ csésze mérőedénybe, majdnem a tetejéig töltve. Öntsük szűrőedénybe (szitába), és gyorsan és óvatosan öblítsük le hideg folyóvíz alatt. Alaposan csepegtessük le, majd a redők között szárítsuk meg egy tiszta, száraz konyharuhán (mosogatórongyon). Helyezzen rá dupla vastagságú konyhai papírt közvetlenül a mikrohullámú sütő forgótányérjára. Fedő nélkül melegítse 5-6 percig, óvatosan mozgassa meg a fűszernövényeket a papíron kétszer-háromszor. Amint susogó őszi leveleknek tűnnek, és elvesztették élénkzöld színüket, feltételezhetjük, hogy a gyógynövények kiszáradtak. Ha nem, folytassa a melegítést 1-1,5 percig. Kivesszük a sütőből és hagyjuk kihűlni. A szárított fűszernövényeket a kezei között dörzsölve törje össze. Tedd légmentesen záródó üvegekbe, dugóval és címkével. Erős fénytől távol tárolandó.

Ropogós zsemlemorzsa

A kiváló minőségű halvány zsemlemorzsa - a körömvirágsárga csomagokkal ellentétben - tökéletesen megsül a mikrohullámú sütőben, és barnulás nélkül ropogóssá és ropogóssá válik. A kenyér lehet friss vagy régi, de egy kicsit tovább tart frissen száradni. 3½ nagy szelet fehér vagy barna kérges kenyeret morzsoljon finom morzsára. A morzsát egy 25 cm/10 átmérőjű, sekély edénybe szórjuk. Fedő nélkül főzzük 5-6 percig, négyszer megkeverve, amíg ujjunkkal nem érezzük, hogy a morzsa száraz és ropogós lesz. Hagyjuk kihűlni, időnként megkeverve, majd légmentesen záródó edényben tároljuk. Szinte határozatlan ideig elállnak hűvös helyen.

Diós hamburgerek

Csináld a 12-t

Ezek korántsem újdonságok, főleg vegetáriánusok és vegánok számára, de a dió kombinációja egyedi ízt ad ezeknek a hamburgereknek, és a ropogós textúra egyformán étvágygerjesztő. Tálalhatjuk forrón mártással, hidegen salátával és majonézzel, vízszintesen félbevágva szendvics töltelékként, vagy akár falatozásra is fogyaszthatjuk.

30 ml/2 evőkanál vaj vagy margarin

125 g/4 uncia/1 csésze héj nélküli egész mandula

125 g/4 uncia/1 csésze pekándió darabok

125 g/4 oz/1 csésze kesudió, pirítva

125 g/4 uncia/2 csésze friss, puha barna zsemlemorzsa

1 közepes vöröshagyma, lereszelve

2,5 ml/½ teáskanál só

5 ml/1 teáskanál készült mustár

30 ml/2 evőkanál hideg tej

A vajat vagy a margarint fedő nélkül olvasszuk fel 1-1,5 percig. A diót egy turmixgépben vagy konyhai robotgépben egészen finomra daráljuk. Kiöntjük és összedolgozzuk a többi hozzávalóval, beleértve a vajat vagy a margarint. Oszd 12 egyenlő részre, és formáld oválisra. Egy nagy, kivajazott tepsi széle köré rendezzük. Fedő nélkül 4 percig főzzük, egyszer megforgatjuk. Hagyja 2 percig.

Diótorta

6-8

Készítsünk úgy, mint a diós hamburgereknél, de 350 g/12 uncia/3 csésze őrölt vegyes diót cseréljünk ki mandulával, pekándióval és kesudióval. 20 cm/8-as kör alakúra formázzuk, és kivajazott tányérra tesszük. Fedő nélkül, 3 percig főzzük. Hagyja hatni 5 percig, majd főzze teljesen további 2 és fél percig. Hagyja 2 percig. Melegen vagy hidegen, kockákra vágva tálaljuk.

Hajdina

Szerver 4

A szaracén kukoricaként is ismert és Oroszországban őshonos hajdina nem rokon semmilyen más gabonával. Egy édesen illatosított rózsaszín virágos növény apró termése, amely a portói család tagja. A blini (vagy orosz palacsinta) alapja, a gabona kiadós, földes alapélelmiszer, és egészségesen helyettesíti a burgonyát hússal és baromfival.

175 g/6 uncia/1 csésze hajdina
1 tojás, felvert
5 ml/1 teáskanál só
750 ml/1¼ pt/3 csésze forrásban lévő víz

Keverje össze a hajdinát és a tojást egy 2 literes/3½ pt/8½ csésze edényben. Fedő nélkül, 4 percig sütjük, percenként megkeverve és villával feltörve. Adjunk hozzá sót és vizet. Tegye egy tányérra a mikrohullámú sütőbe, ha kifolyna, és fedő nélkül főzzük 22 percig, négyszer megkeverve. Fedjük le egy tányérral, és hagyjuk állni 4 percig. Tálalás előtt villával körbeforgatjuk.

bolgár

6-8

Ezt a gabonát burghalnak, burghulnak vagy repedt búzának is nevezik, és a Közel-Kelet egyik alapvető alapanyaga. Ma már széles körben beszerezhető a szupermarketekben és az egészséges élelmiszerboltokban.

225 g/8 uncia/1¼ csésze bolgár
600 ml/1 pt/2½ csésze forrásban lévő víz
5-7,5 ml/1-1½ teáskanál só

Tegye a bulgart egy 1,75 literes/3 pt/7½ csésze edénybe. Pirítós, fedetlen, 3 percig, percenként megkeverve. Forrásban lévő vízzel és sóval keverjük fel, majd tányérra borítjuk, és a felhasznált bolgár fajtájától függően 6-15 percig állni hagyjuk, amíg a szem al dente lesz, mint a tészta. Mopsz fel egy villával és egyél melegen vagy hidegen.

Bulgária sült hagymával

Szerver 4

1 hagyma, lereszelve
15 ml/1 evőkanál olíva vagy napraforgó
1 adag bolgár

A hagymát és az olajat egy kis edénybe tesszük. Fedő nélkül főzzük 4 percig, háromszor megkeverve. A főtt bolgárt a vízzel és a sóval egyidőben adjuk hozzá.

Tabbouleh

Szerver 4

A petrezselyem mélyzöld színű, ez az étel Libanont idézi, és az egyik legétvágygerjesztőbb saláta, amelyet elképzelni lehet, tökéletes kísérője számos ételnek, a vegetáriánus diószelettől a báránysültig. Tetszetős előétel is lehet belőle, az egyes tányérokon saláta zöldje fölé rendezve.

1 adag bolgár
120-150 ml/4-5 fl uncia/½-2/3 csésze finomra vágott lapos petrezselyem
30 ml/2 evőkanál apróra vágott mentalevél
1 közepes vöröshagyma, finomra reszelve
15 ml/1 evőkanál olívaolaj
Só és frissen őrölt fekete bors
Saláta levelek
Díszítésnek kockára vágott paradicsom, uborka és fekete olajbogyó

Főzzük meg a bolgárt az utasítás szerint. A mennyiség felét tegyük egy tálba, és keverjük hozzá a petrezselymet, a mentát, a hagymát, az olajat és ízlés szerint sok sót és borsot. Ha kihűlt, salátalevelekre rendezzük, és a körettel szépen díszítjük. Használja a maradék bolgárt tetszés szerint.

Szultán saláta

Szerver 4

Személyes kedvenc, feta sajtdarabokkal megszórva és pita kenyérrel tálalva, teljes értékű étkezést biztosít.

1 adag bolgár
1-2 gerezd fokhagyma, összetörve
1 sárgarépa, lereszelve
15 ml/1 evőkanál apróra vágott mentalevél
60 ml/4 evőkanál apróra vágott petrezselyem
1 nagy citrom leve, leszűrjük
45 ml/3 evőkanál olíva- vagy napraforgóolaj, vagy a kettő keveréke
Zöldsaláta
Pörkölt mandula és zöld olajbogyó, díszítésnek

A bulgart előírás szerint megfőzzük, majd belekeverjük a fokhagymát, a sárgarépát, a mentát, a petrezselymet, a citromlevet és az olajat, majd egy salátával bélelt tányérra tesszük, és meglocsoljuk pirított mandulával és zöld olívabogyóval.

Kuszkusz

Szerver 4

A kuszkusz egyszerre gabona és egy észak-afrikai hús- vagy zöldségpörkölt neve. A durumbúza búzadarából (búzakrémből) készült, apró, tökéletesen lekerekített gyöngyszemnek tűnik. Korábban elhivatott és tehetséges házi szakácsok kézzel készítették, de ma már kiszerelésben is kapható, és villámgyorsan elkészíthető, köszönhetően a francia technikának, amely megszünteti a gőzölés fárasztó és lassú feladatát. A kuszkusz helyettesíthető bármelyik bulgarból készült étellel (209-10. oldal).

250g/9oz/1½ csésze bolti kuszkusz
300 ml/½ pt/1¼ csésze forrásban lévő víz
5-10 ml/1-2 teáskanál só

Tegye a kuszkuszt egy 1,75 literes/3 pt/7½ csésze edénybe, és fedő nélkül süsse 3 percig, percenként keverve. Adjunk hozzá vizet és sót, és keverjük össze. Lefedjük egy tányérral, és 1 percig főzzük. Hagyja a mikrohullámú sütőben 5 percig. Tálalás előtt villával felhúzzuk.

Kukoricadara

Szerver 4

A gríz (hominy grits) egy majdnem fehér észak-amerikai gabona, amely kukoricán (kukorica) alapul. Meleg tejjel és cukorral vagy vajjal, sóval és borssal fogyasztjuk. Beszerezhető olyan szaküzletekben, mint például a londoni Harrods.

150 g/5 uncia/kis 1 csésze gríz
150 ml/¼ pt/2/3 csésze hideg víz
600 ml/1 pt/2½ csésze forrásban lévő víz
5 ml/1 teáskanál só

Tegye a grízt egy 2,5 literes/4½ pt/11 csésze tálba. A hideg vízzel simára keverjük, majd hozzákeverjük a forrásban lévő vizet és a sót.Fedő nélkül, 8 percig főzzük, négyszer megkeverve. Fedjük le egy tányérral, és tálalás előtt hagyjuk állni 3 percig.

Gnocchi alla Romana

Szerver 4

A gnocchit gyakran találják olasz éttermekben, ahol nagyon kedvelik. Kiadós és egészséges ebéd- vagy vacsoratálat készít salátával, gazdaságos alapanyagokból.

600 ml/1 pt/2½ csésze hideg tej
150 g/5 oz/¾ csésze búzadara (búzakrém)
5 ml/1 teáskanál só
50 g/2 uncia/¼ csésze vaj vagy margarin
75 g/3 uncia/¾ csésze reszelt parmezán sajt
2,5 ml/½ teáskanál kontinentális mustár
1,5 ml/¼ teáskanál reszelt szerecsendió
1 nagy tojás, felvert
Vegyes saláta
Paradicsom ketchup (catsup)

A hideg tej felét simára keverjük a búzadarával egy 1,5 literes/2½ pt/6 csésze edényben. A maradék tejet fedő nélkül 3 percig melegítjük. A búzadarát a sóval elkeverjük. Főzzük fedő nélkül 7 percig, amíg nagyon sűrű lesz, négyszer-ötször megkeverve, hogy a keverék sima maradjon. Vegyük ki a mikrohullámú sütőből, és keverjük hozzá a vaj felét, a sajt felét és a mustárt, a szerecsendiót és a tojást.Fedő nélkül, 1 percig főzzük. Fedjük le egy tányérral, és hagyjuk állni 1 percig. Olajozott vagy kikent sekély 23 cm/9 négyzet alakú edénybe terítjük. Lazán takarjuk le konyhai papírral, és hűtsük le, amíg meg nem szilárdul. 2,5 cm/1 négyzetekre vágjuk. Egy 23 cm/9-es kivajazott kerek edénybe helyezzük átfedő karikákba. Megszórjuk a többi sajttal, meglocsoljuk a maradék vajjal, és forró sütőben 15 perc alatt aranybarnára sütjük.

Sonka Gnocchi

Szerver 4

Készítsd el úgy, mint a Gnocchi alla Romanát, de adj hozzá 75 g/3oz/¾ csésze apróra vágott pármai sonkát a forró tejjel.

Köles

4-6

Kellemes és finom gabona, a cirok rokonsága, amely a rizs nem mindennapi helyettesítője. Hüvelyesekkel (borsó, bab és lencse) fogyasztva kiegyensúlyozott, fehérjében gazdag étkezést biztosít.

175 g/6 uncia/1 csésze köles
750 ml/1¼ pt/3 csésze forrásban lévő víz vagy alaplé
5 ml/1 teáskanál só

Tegye a kölest egy 2 literes/3½ pt/8½ csésze edénybe. Fedő nélkül, 4 percig sütjük, kétszer megkeverve. Vízzel és sóval összekeverjük. Álljunk egy tányérra, ha kifolyna. Fedő nélkül 20-25 percig főzzük, amíg az összes vizet fel nem szívja. Szedd fel villával és azonnal egyél.

Polenta

6-ot szolgál ki

Halványsárga kukoricából készült gabonaféle, hasonló a búzadarához (búzakrém), de durvább. Olaszországban és Romániában alapvető keményítőtartalmú élelmiszer, ahol nagy tiszteletnek örvend, és gyakran fogyasztják hús-, szárnyas-, tojás- és zöldségételek kísérőjeként. Az utóbbi években divatos éttermi specialitássá vált, gyakran négyzetekre vágva grillezve (sütve) vagy sütve (sütve) tálalják a spagettihez hasonló szószokkal.

150g/5oz/¾ csésze polenta

5 ml/1 teáskanál só

125 ml/¼ pt/2/3 csésze hideg víz

600 ml/1 pt/2½ csésze forrásban lévő víz vagy alaplé

Tegye a polentát és a sót egy 2 literes/3½ pt/8½ csésze edénybe. A hideg vízzel simára keverjük. Fokozatosan elkeverjük forrásban lévő vízben vagy alaplében, ha kiömlik, tányérra állítjuk. Fedő nélkül 7-8 perc alatt nagyon sűrűre főzzük, négyszer megkeverve. Fedjük le egy tányérral, és tálalás előtt hagyjuk állni 3 percig.

Grillezett polenta

6-ot szolgál ki

Készülj fel, mint a Polentánál. Ha megsült, kivajazott vagy olajozott 23 cm/9 négyzet alakú edénybe terítjük. Forró vízbe mártott késsel simítsuk el a tetejét. Lazán takarjuk le konyhai papírral és hagyjuk teljesen kihűlni. Négyzetekre vágjuk, megkenjük olíva- vagy kukoricaolajjal, és hagyományos módon aranybarnára sütjük.

Polenta pestoval

6-ot szolgál ki

Készítsük el úgy, mint a Polentánál, de adjunk hozzá 20 ml/4 teáskanál piros vagy zöld pestot a forrásban lévő vízzel.

Polenta szárított paradicsommal vagy olívapürével

6-ot szolgál ki

Készítsük el úgy, mint a Polentánál, de adjunk hozzá 45 ml/3 evőkanál szárított paradicsom- vagy olívapürét a forrásban lévő vízzel.

Quinoa

2-3

Meglehetősen újszerű, fehérjében gazdag gabona Peruból, furcsa ropogós állaggal és enyhén füstös ízzel. Minden ételhez alkalmas, és a rizs új helyettesítője.

125 g/4 uncia/2/3 csésze quinoa

2,5 ml/½ teáskanál só

550 ml/18 fl uncia/2 1/3 csésze forrásban lévő víz

Helyezze a quinoát egy 1,75 literes/3 pt/7½ csésze tálba. Fedő nélkül, 3 percig sütjük, egyszer megkeverve. Adjunk hozzá sót és vizet, és alaposan keverjük össze. Főzzük 15 percig, négyszer megkeverve. Fedjük le és hagyjuk állni 2 percig.

román Polenta

Szerver 4

Románia közismerten gazdag nemzeti étele – mamaliga.

1 adag Polenta

75 g/3 uncia/1/3 csésze vaj

4 frissen buggyantott nagy tojás

100 g/4 uncia/1 csésze feta sajt, morzsolva

150 ml/¼ pt/2/3 csésze tejsavas tejszín

Készítsük el a polentát, és hagyjuk abban az edényben, amelyben főtt. A vaj felét felverjük, négy felmelegített tányérra egyenlő halmokat öntünk, és mindegyikbe mélyedést készítünk. Megtöltjük a tojással, megszórjuk a sajttal, majd megkenjük a maradék vajjal és tejszínnel. Egyél azonnal.

Curry-s rizs

Szerver 4

Alkalmas a legtöbb keleti és ázsiai étel kísérőjeként, különösen az indiai.

30 ml/2 evőkanál mogyoróolaj.

2 hagyma, apróra vágva

225 g/8 uncia/1 csésze basmati rizs

2 kis babérlevél

2 egész szegfűszeg

Magok 4 kardamom hüvelyből

30-45 ml/2-3 evőkanál enyhe currypor

5 ml/1 teáskanál só

600 ml/1 pt/2½ csésze forrásban lévő víz vagy zöldségalaplé

Tegye az olajat egy 2,25 literes/4 pt/10 csésze edénybe. Melegen, fedetlenül, 1 percig töltve. Belekeverjük a hagymát, fedő nélkül 5 percig főzzük. Keverje hozzá az összes többi hozzávalót. Fedje le fóliával (műanyag fóliával), és vágja kétszer, hogy a gőz távozzon. Főzzük teljesen 15 percig, négyszer fordítsuk meg az edényt. Hagyja 2 percig. Finoman elosztjuk és tálaljuk.

Túrós és rizses rakott

3-4

Az ízek és textúrák nagyszerű keveréke, amelyet néhány évvel ezelőtt hoztak vissza Észak-Amerikából.

225 g/8 uncia/1 csésze barna rizs

50 g/2 uncia/¼ csésze vadrizs

1,25 liter/2¼ pt/5½ csésze forrásban lévő víz

10 ml/2 teáskanál só

4 újhagyma (hagyma), durvára vágva

1 kis zöld chili kimagozva és apróra vágva

4 paradicsom, blansírozva, meghámozva és felszeletelve

125 g gomba, szeletelve

225 g/8 oz/1 csésze túró

75 g/3 uncia/¾ csésze cheddar sajt, reszelve

Tegye a barna és vadrizst egy 2,25 literes/4 pt/10 csésze edénybe. Keverje hozzá a vizet és a sót. Fedje le fóliával (műanyag fóliával), és vágja kétszer, hogy a gőz távozzon. Főzzük 40-45 percig, amíg a rizs puhára és puha nem lesz. Szükség esetén lecsepegtetjük. és tedd félre. Töltsön meg egy 1,75 literes/3 pt/7½ csésze rakott edényt (holland sütő) váltakozó rétegekben rizzsel, hagymával, chilivel, paradicsommal, gombával és túróval. Sűrűn megszórjuk reszelt cheddarral. Fedő nélkül, 7 percig főzzük, kétszer megfordítva az edényt.

Olasz rizottó

2-3

2,5–5 ml/½–1 teáskanál sáfránypor vagy 5 ml/1 teáskanál sáfrányszál

50 g/2 uncia/¼ csésze vaj

5 ml/1 teáskanál olívaolaj

1 nagy hagyma, meghámozva és lereszelve

225 g/8 uncia/1 csésze enyhén főtt rizottó rizs

600 ml/1 pt/2½ csésze forrásban lévő víz vagy csirkehúsleves
150 ml/¼ pt/2/3 csésze száraz fehérbor
5 ml/1 teáskanál só
50 g/2 uncia/½ csésze reszelt parmezán sajt

Ha sáfrányt használunk, morzsoljuk össze az ujjai között egy tojásos csésze meleg vízben, és hagyjuk állni 10-15 percig. Helyezze a vaj és az olaj felét egy 1,75 literes/3 pt/7½ csésze edénybe. Melegítse újra, fedő nélkül, 1 percig tartó kiolvasztással. Belekeverjük a hagymát, fedő nélkül, 5 percig főzzük. Keverje össze a rizst, a vizet vagy a húslevest és a bort és vagy a sáfrányszálakat a vízzel vagy a sáfrányporral. Fedjük le fóliával (műanyag fóliával), és vágjuk kétszer, hogy a gőz távozzon. Főzzük teljesen 14 percig, háromszor fordítsuk meg az edényt. Óvatosan villával beledolgozzuk a maradék vajat, majd a sót és a parmezán sajt felét. Fedő nélkül, 4-8 percig főzzük, 2 percenként villával óvatosan megkeverve, amíg a rizs fel nem szívja az összes folyadékot. A főzési idő a felhasznált rizstől függ.

Gombás rizottó

2-3

20 g/1 uncia szárított gombát, lehetőleg vargányát törjünk apró darabokra, alaposan mossuk le hideg folyóvíz alatt, majd áztassuk 10 percre az olasz rizottó receptjénél használt forrásban lévő vízbe vagy csirkealaplébe. Járjon el úgy, mint az olasz rizottónál.

brazil rizs

3-4

15 ml/1 evőkanál olíva- vagy kukoricaolaj
30 ml/2 evőkanál szárított hagyma
225 g/8 uncia/1 csésze amerikai hosszú szemű vagy basmati rizs
5-10 ml/1-2 teáskanál só
600 ml/1 pt/2½ csésze forrásban lévő víz
2 nagy paradicsom, blansírozva, meghámozva és apróra vágva

Öntse az olajat egy 2 literes/3½ pt/8½ csésze edénybe. Adjuk hozzá a szárított hagymát. Fedő nélkül, 1¼ percig főzzük. Keverje hozzá az összes többi hozzávalót. Fedje le fóliával (műanyag fóliával), és vágja kétszer, hogy a gőz távozzon. Főzzük teljesen 15 percig, négyszer fordítsuk meg az edényt. Hagyja 2 percig. Finoman elosztjuk és tálaljuk.

spanyol rizs

6-ot szolgál ki

Egy észak-amerikai különlegesség, aminek nem sok köze van Spanyolországhoz, kivéve a paprika és a paradicsom hozzáadását! Fogyasszunk szárnyas- és tojásos ételekkel.

225 g/8 uncia/1 csésze enyhén főtt hosszú szemű rizs
600 ml/1 pt/2½ csésze forrásban lévő víz

10 ml/2 teáskanál só

30 ml/2 evőkanál kukorica- vagy napraforgóolaj

2 hagyma, apróra vágva

1 zöldpaprika kimagozva és durvára vágva

400g/14oz/1 nagy konzerv apróra vágott paradicsom

A rizst fele sós vízben az utasítás szerint megfőzzük. Maradj meleg. Öntse az olajat egy 1,75 literes/3 pt/7½ csésze edénybe. Melegen, fedetlenül, 1 percig töltve. Keverjük hozzá a hagymát és a borsot, és fedő nélkül főzzük 5 percig, kétszer megkeverve. Keverje hozzá a paradicsomot, és fedő nélkül melegítse 3 és fél percig. A forró rizst megszórjuk a maradék sóval, és azonnal tálaljuk.

Közönséges török pilaf

Szerver 4

225 g/8 uncia/1 csésze enyhén főtt rizottó rizs

Forrásban lévő víz vagy zöldségalaplé

5 ml/1 teáskanál só

40 g/1½ uncia/3 evőkanál vaj

A rizst forrásban lévő vízben vagy alaplében főzzük meg az utasítás szerint hozzáadott sóval. Adja hozzá a vajat az edényhez vagy tálhoz. 10 percig állni hagyjuk. Fedezd fel és villák körbe. Fedjük le egy tányérral, és melegítsük újra 3 percig.

Gazdag török pilaf

Szerver 4

225 g/8 uncia/1 csésze enyhén főtt rizottó rizs
Forrásban lévő víz
5 ml/1 teáskanál só
5 cm/2 darab fahéjrúdban
40 g/1½ uncia/3 evőkanál vaj

15 ml/1 evőkanál olívaolaj

2 hagyma, apróra vágva

60 ml/4 evőkanál pirított fenyőmag

25 g/1 uncia bárány- vagy csirkemáj apróra vágva

30 ml/2 evőkanál ribizli vagy mazsola

2 paradicsom, blansírozva, meghámozva és apróra vágva

Főzzük meg a rizst a vízben és sózzuk meg egy nagy edényben vagy tálban, a fahéjrúddal együtt. Félretesz, mellőz. Helyezze a vajat és az olajat egy 1,25 literes/2¼ pt/5½ csésze edénybe, és fedő nélkül melegítse 1 percig. Keverjük össze az összes többi hozzávalót, fedjük le egy tányérral, és főzzük 5 percig, kétszer megkeverve. Egy villával óvatosan keverjük hozzá a forró rizst. Fedjük le, mint korábban, és melegítsük újra 2 percig.

Thai rizs citromfűvel, lime levelekkel és kókuszdióval

Szerver 4

A kitűnő finomság csodája, minden thai csirke- és halételhez alkalmas.

250g/9oz/bőséges 1 csésze thai rizs

400 ml/14 fl uncia/1¾ csésze konzerv kókusztej

2 friss lime levél

*1 citromfű levél hosszában kettévágva vagy 15 ml/1 evőkanál apróra
vágott citromfű levél
7,5 ml/1½ teáskanál só*

Öntse a rizst egy 1,5 literes/2½ pt/6 csésze edénybe. Öntse a kókusztejet egy mérőkancsóba, és töltsön fel 600 ml/1 pt/2½ csésze mennyiséget hideg vízzel. Fedő nélkül melegítsük 7 percig, amíg fel nem forr. Óvatosan keverjük hozzá a rizst az összes többi hozzávalóval együtt. Fedjük le fóliával (műanyag fóliával), és vágjuk kétszer, hogy a gőz távozzon. Főzzük teljesen 14 percig. 5 percig állni hagyjuk. Fedje le és távolítsa el a citromfüvet, ha használja. Óvatosan villával körbeforgatjuk, és a kissé puha és ragacsos rizst azonnal elfogyasztjuk.

Okra káposztával

6-ot szolgál ki

Egy érdekesség Gabonból, enyhe vagy csípős a benne lévő chili mennyiségétől függően.

30 ml/2 evőkanál mogyoróolaj.
450 g szaunakáposzta vagy zöldfű, finomra reszelve
200 g/7 uncia okra (női ujjak), tetejével, farokkal és darabokra vágva
1 hagyma, lereszelve
300 ml/½ pt/1¼ csésze forrásban lévő víz
10 ml/2 teáskanál só
45 ml/3 evőkanál fenyőmag, grill alatt enyhén pirítva (brojler)
2,5-20 ml/¼-4 teáskanál chilipor

Öntse az olajat egy 2,25 liter/4 pt/10 csésze rakott edénybe (holland sütő). Keverje hozzá a zöldeket és az okrát, majd a többi hozzávalót. Jól összekeverni. Fedjük le fóliával (műanyag fóliával), és vágjuk kétszer, hogy a gőz távozzon. Főzzük teljesen 7 percig. 5 percig állni hagyjuk. Főzzük még 3 percig teljesen. Szükség esetén lecsepegtetjük. és szerver.

Vörös káposzta almával

8-at szolgál ki

A forró gammonnal, libával és kacsával pompázó vörös káposzta skandináv és észak-európai származású, édes-savanyú, ma már egészen okos köret, a mikrohullámú sütőben a legjobb viselkedését, ahol megőrzi mélyrózsás színét.

900 g/2 font vörös káposzta

450 ml/¾ pt/2 csésze forrásban lévő víz

7,5 ml/1½ teáskanál só

3 hagyma, apróra vágva

3 főtt (pite) alma, meghámozva és lereszelve

30 ml/2 evőkanál világos puha barna cukor

2,5 ml/½ teáskanál kömény

30 ml/2 evőkanál kukoricaliszt (kukoricakeményítő)

45 ml/3 evőkanál malátaecet

15 ml/1 evőkanál hideg víz

Vágja le a káposztát, távolítsa el a sérült vagy sérült külső leveleket. Négyelje fel és távolítsa el a kemény középső szárat, majd reszelje le a lehető legfinomabbra. Tegye egy 2,25 literes/4 pt/10 csésze edénybe. Adjuk hozzá a forrásban lévő víz felét és 5 ml/1 teáskanál sót. Fedjük le egy tányérral, és főzzük 10 percig, miközben az edényt négyszer fordítjuk meg. Jól elkeverjük, majd belekeverjük a maradék forrásban lévő vizet és a maradék sót, hagymát, almát, cukrot és köményt.Fóliával letakarjuk (műanyag fóliával) és kétszer vágjuk, hogy a gőz távozzon. Főzzük teljesen 20 percig, négyszer fordítsuk meg az edényt. Vegye ki a mikrohullámú sütőből. A kukoricalisztet simára keverjük az ecettel és a hideg vízzel. Adjuk hozzá a forró káposztát és jól keverjük össze. Fedő nélkül főzzük 10 percig, háromszor megkeverve. Hagyjuk kihűlni, mielőtt egy éjszakára hűtőbe tesszük. Kiszolgálni, Fedjük le ismét friss fóliával, és vágjuk kétszer, hogy a gőz távozhasson, majd tálalás előtt 5-6 percig melegítsük. Alternatív megoldásként helyezze át az adagokat az oldaltányérokra, és fedje le mindegyiket konyhai papírral, majd melegítse fel egyenként teljesen 1 percig.

Vörös káposzta borral

8-at szolgál ki

Készítse el úgy, mint az almás vöröskáposztát, de a forrásban lévő víz felét cserélje ki 250 ml/8 fl oz/1 csésze vörösborral.

Norvég savanyú káposzta

8-at szolgál ki

900 g/2 font fehér káposzta
90 ml/6 evőkanál víz
60 ml/4 evőkanál malátaecet
60 ml/4 evőkanál kristálycukor
10 ml/2 teáskanál kömény
7,5-10 ml/1½-2 teáskanál só

Vágja le a káposztát, távolítsa el a sérült vagy sérült külső leveleket. Négyelje fel és távolítsa el a kemény középső szárat, majd reszelje le a lehető legfinomabbra. Helyezze egy 2,25 literes/4 pt/10 csésze edénybe az összes többi hozzávalóval együtt. Két kanállal alaposan keverjük össze. Fedjük le fóliával (műanyag fóliával), és vágjuk kétszer, hogy a gőz távozzon. 45 percig kiolvasztva főzzük, négyszer megfordítva az edényt. Hagyja konyhai hőmérsékleten egy éjszakán át, hogy az ízek beérjenek. Tálaláskor az egyes adagokat oldaltányérokra helyezzük, és mindegyiket lefedjük konyhai papírral. Egyenként melegítse fel teljesen, egyenként körülbelül 1 percig. Óvatosan lefedjük, majd a maradékot hűtőbe tesszük.

Görög módra párolt okra paradicsommal

6-8

Ez a kissé keleti jellegű zöldséges étel életképes ajánlattá vált mostanra, amikor az okra (női ujjak) szélesebb körben elérhető. Ez a recept kiváló bárányhúshoz vagy önálló ételként, rizzsel tálalva.

900 g/2 font okra, teteje és farka
Só és frissen őrölt fekete bors
90 ml/6 evőkanál malátaecet
45 ml/3 evőkanál olívaolaj
2 hagyma, meghámozva és apróra vágva
6 paradicsom, blansírozva, meghámozva és durvára vágva
15 ml/1 evőkanál világos puha barna cukor

Az okrát egy nagy lapos tányérra terítjük. Szórjuk meg sóval és ecettel, hogy csökkentsük az okra szétválásának és nyálkásodásának kockázatát. 30 percig állni hagyjuk. Mossa ki és szárítsa meg konyhai papíron. Öntse az olajat egy 2,5 literes/4½ pt/11 csésze edénybe, és adja hozzá a hagymát. Fedő nélkül főzzük 7 percig, háromszor megkeverve. Keverje hozzá az összes többi hozzávalót, beleértve az okrát is, és ízlés szerint fűszerezze. Fedjük le egy tányérral, és főzzük 9-10 percig, háromszor-négyszer megkeverve, amíg az okra megpuhul. Tálalás előtt 3 percig állni hagyjuk.

Zöldek paradicsommal, hagymával és mogyoróvajjal

4-6

Próbálja ki ezt a malawi különlegességet szeletelt fehér kenyérrel vegetáriánus főételként, vagy tálalja köretként csirke mellé.

450 g/1 font tavaszi zöldek (galléros zöldek), finomra reszelve
150 ml/¼ pt/2/3 csésze forrásban lévő víz
5-7,5 ml/1-1½ teáskanál só
4 paradicsom, blansírozva, meghámozva és felszeletelve
1 nagy hagyma, apróra vágva
60 ml/4 evőkanál ropogós mogyoróvaj

Helyezze a zöldségeket egy 2,25 literes/4 pt/10 csésze edénybe. Vízzel és sóval összekeverjük, fóliával (műanyag fóliával) letakarjuk, és kétszer vágjuk, hogy a gőz távozzon. Főzzük teljesen 20 percig. Fedjük le és keverjük bele a paradicsomot, a hagymát és a mogyoróvajat, majd fedjük le, mint korábban, és főzzük 5 percig.

Édes-tejfölös cékla

Szerver 4

A cékla bemutatásának ez a vonzó módja 1890-re nyúlik vissza, de jelenleg újra divatba jött.

450 g/1 font főtt cékla (répa), durvára reszelve
150 ml/¼ pt/2/3 csésze dupla (nehéz) tejszín
Só
15 ml/1 evőkanál ecet
30 ml/2 evőkanál demerara cukor

Tegye a céklát egy 900 ml/1½ pt/3¾ csésze edénybe, ízlés szerint tejszínnel és sóval. Lefedjük egy tányérral, és 3 percig melegítjük, egyszer megkeverve. Hozzákeverjük az ecetet és a cukrot, és azonnal tálaljuk.

Cékla narancsban

4-6

Élénk és eredeti köret karácsonyi húsokhoz és szárnyasokhoz.

450 g/1 font főtt cékla (répa), meghámozva és felszeletelve
75 ml/5 evőkanál frissen facsart narancslé
15 ml/1 evőkanál malátaecet
2,5 ml/½ teáskanál só
1 gerezd fokhagyma, meghámozva és összezúzva

Helyezze a céklát egy 18 cm/7 átmérőjű, sekély edénybe. A többi hozzávalót összekeverjük, és ráöntjük a céklára. Fedjük le fóliával (műanyag fóliával), és vágjuk kétszer, hogy a gőz távozzon. Főzzük teljesen 6 percig, háromszor fordítsuk meg az edényt. Hagyja állni 1 percig.

Hámozott zeller

6-ot szolgál ki

Gyönyörű téli étel ínyenc stílusban, halak és szárnyasok mellé.

4 sovány bacon szelet, apróra vágva
900 g zeller (zellergyökér)
300 ml/½ pt/1¼ csésze hideg víz
15 ml/1 evőkanál citromlé
7,5 ml/1½ teáskanál só
300 ml/½ pt/1¼ csésze egyszínű (könnyű) krém
1 kis zacskó burgonya chips (chips), összetörve a zacskóban

A szalonnát tányérra tesszük és konyhapapírral lefedjük. Forraljuk teljesen 3 percig. A zellert vastagon meghámozzuk, alaposan megmossuk, és mindegyik fejet nyolc darabra vágjuk. Helyezze egy 2,25 literes/4 pt/10 csésze edénybe vízzel, citromlével és sóval. Fedjük le fóliával (műanyag fóliával), és vágjuk kétszer, hogy a gőz távozzon. Főzzük teljesen 20 percig, négyszer fordítsuk meg az edényt. Csatorna. A zellert felszeleteljük, és visszatesszük az edénybe. Belekeverjük a bacont és a tejszínt, és megszórjuk a ropogóssal. Fedő nélkül 4 percig főzzük, kétszer megfordítva az edényt. Tálalás előtt 5 percig állni hagyjuk.

Zeller narancsos hollandi szósszal

6-ot szolgál ki

Zeller pompásan aranyló, fényes citrusos hollandi szósszal, kacsával és vadhússal.

900 g zeller (zellergyökér)
300 ml/½ pt/1¼ csésze hideg víz
15 ml/1 evőkanál citromlé
7,5 ml/1½ teáskanál só
máltai szósz
1 nagyon édes narancs, meghámozva és szeletekre vágva

A zellert vastagon meghámozzuk, alaposan megmossuk, és mindegyik fejet nyolc darabra vágjuk. Helyezze egy 2,25 literes/4 pt/10 csésze edénybe vízzel, citromlével és sóval. Fedjük le fóliával (műanyag fóliával), és vágjuk kétszer, hogy a gőz távozzon. Főzzük teljesen 20 percig, négyszer fordítsuk meg az edényt. Csatorna. A zellert felszeleteljük, és visszatesszük az edénybe. Maradj meleg. Elkészítjük a máltai szószt, és ráöntjük a zellerre. Díszítsük a narancsdarabokkal.

Karcsúsítók zöldségpörköltje

2. szerver

Készítsünk úgy, mint a Slimmer's Fish Pot-nál, de hagyjuk ki a halat. A főtt zöldségekhez adjuk hozzá 2 avokádó kockára vágott húsát a fűszerekkel és fűszernövényekkel. Fedjük le és melegítsük teljesen 1 és fél percig.

Slimmer zöldséges rakott tojással

2. szerver

Készítsük el úgy, mint a Slimmer zöldséges rakottját, de minden adagot megszórunk 1 apróra vágott kemény (keményre főtt) tojással.

lecsó

6-8

A mediterrán ízek és színek robbanása része ennek a csodálatos zöldséges rakott pourrinak. Meleg, hideg vagy meleg – úgy tűnik, mindenhez passzol.

60 ml/4 evőkanál olívaolaj

3 hagyma, meghámozva és durvára vágva

1-3 gerezd fokhagyma, összetörve

225g/8oz cukkini (cukkini), vékonyra szeletelve

350 g/12 uncia/3 csésze kockára vágott padlizsán (padlizsán)

1 nagy piros vagy zöld kaliforniai paprika kimagozva és apróra vágva

3 érett paradicsom meghámozva, blansírozva és apróra vágva

30 ml/2 evőkanál paradicsompüré (tészta)

20 ml/4 tk világos puha barna cukor

10 ml/2 teáskanál só

45-60 ml/3-4 evőkanál apróra vágott petrezselyem

Öntse az olajat egy 2,5 literes/4½ pt/11 csésze edénybe. Melegen, fedetlenül, 1 percig töltve. Belekeverjük a hagymát és a fokhagymát, majd fedő nélkül 4 percig főzzük. Keverje hozzá az összes többi hozzávalót, kivéve a petrezselyem felét. Lefedjük egy tányérral, és háromszor-négyszer megkeverve 20 percig főzzük. Fedjük le és főzzük 8-10 percig, négyszer megkeverve, amíg a folyadék nagy része elpárolog. Hozzákeverjük a maradék petrezselymet, azonnal tálaljuk, vagy lehűtjük, lefedjük és hűtőbe tesszük, ha később fogyasztjuk.

Karamellizált paszternák

Szerver 4

Ideális minden baromfi- és marhasülthez, ehhez válasszunk nagy sárgarépánál nem nagyobb bébipaszternákokat.

450 g/1 font kis paszternák, vékonyra szeletelve
45 ml/3 evőkanál víz
25 g/1 uncia/2 evőkanál vaj
7,5 ml/1½ evőkanál sötét puha barna cukor
Só

Helyezze a paszternákokat egy 1,25 literes/2¼ pt/5½ csésze edénybe vízzel. Fedjük le fóliával (műanyag fóliával), és vágjuk kétszer, hogy a gőz távozzon. Főzzük teljesen 8-10 percig, fordítsuk meg az edényt, és óvatosan rázzuk meg kétszer a tartalmát, amíg megpuhul. Leöntjük a vizet. Adjuk hozzá a vajat és a cukrot, majd fordítsuk meg a paszternákokat, hogy alaposan bevonják. Fedő nélkül 1-1,5 percig melegítjük, amíg üveges nem lesz. Megszórjuk sóval és azonnal elfogyasztjuk.

Paszternák tojás és vaj morzsa szósszal

Szerver 4

450 g/1 font paszternák, kockára vágva
45 ml/3 evőkanál víz
75 g/3 uncia/1/3 csésze sótlan (édes) vaj
4 újhagyma (hagyma), apróra vágva
45 ml/3 evőkanál enyhén pirított zsemlemorzsa
1 kemény (kemény) tojás, lereszelve
30 ml/2 evőkanál finomra vágott petrezselyem
½ kis citrom leve

Helyezze a paszternákokat egy 1,5 literes/2½ pt/6 csésze edénybe vízzel. Fedjük le fóliával (műanyag fóliával), és vágjuk kétszer, hogy a gőz távozzon. Főzzük teljesen 8-10 percig. Hagyjuk állni, amíg elkészítjük a szószt. Tegye a vajat egy mérőkancsóba, és fedő nélkül olvassa fel kiolvasztáskor 2-2 és fél percig. Belekeverjük a hagymát, és fedő nélkül, kiolvasztáskor 3 percig sütjük, kétszer megkeverve. Keverje össze az összes többi hozzávalót, és melegítse kiolvasztással 30 másodpercig. A paszternákokat lecsepegtetjük, és előmelegített edénybe tesszük. Befedjük a morzsás szósszal és azonnal tálaljuk.

Brokkoli sajttal Supreme

4-6

450 g/1 font brokkoli
60 ml/4 evőkanál víz
5 ml/1 teáskanál só
150 ml/¼ pt/2/3 csésze tejsavas tejszín
125 g/4 uncia/1 csésze Cheddar vagy Jarlsberg sajt, reszelve
1 tojás
5 ml/1 teáskanál enyhe gyártású mustár
2,5 ml/½ teáskanál paprika
1,5 ml/¼ teáskanál reszelt szerecsendió

A brokkolit megmossuk, kis rózsáira osztjuk, és egy 20 cm/8 átmérőjű mélytálba tesszük vízzel és sóval. Fedjük le fóliával (műanyag fóliával), és vágjuk kétszer, hogy a gőz távozzon. Főzzük teljesen 12 percig. Lecsepegtetjük alaposan. A többi hozzávalót összekeverjük, és a brokkolira öntjük. Lefedjük egy tányérral, és 3 percig főzzük. Hagyja 2 percig.

Guvetch

6-8

A ratatouille élénk színű és ízes bolgár változata. Önmagában tálaljuk rizzsel, tésztával vagy polentával, vagy köretként tojás-, hús- és szárnyasételekhez.

450 g/1 font francia vagy kenyai (zöld) bab, teteje és farka
4 hagyma, nagyon vékonyra szeletelve
3 gerezd fokhagyma, összetörve
60 ml/4 evőkanál olívaolaj
6 vegyes színű paprika kimagozva és csíkokra vágva
6 paradicsom, blansírozva, meghámozva és apróra vágva
1 zöld chili kimagozva és apróra vágva (elhagyható)
10-15 ml/2-3 teáskanál só
15 ml/1 evőkanál nádcukor (szuper finom).

Mindegyik babot három részre vágjuk. Tegye a hagymát és a fokhagymát egy 2,5 literes/4½ pt/11 csésze edénybe az olajjal. Jól keverjük össze, hogy elkeveredjen. Fedő nélkül, 4 percig főzzük. Alaposan keverje össze az összes többi hozzávalót, beleértve a babot is. Lefedjük egy tányérral, és háromszor megkeverve 20 percig főzzük. Fedjük le és főzzük még 8-10 percig, négyszer megkeverve, amíg a folyadék nagy része elpárolog. Azonnal tálaljuk vagy hűtsük le, fedjük le és tegyük hűtőbe, ha később fogyasztjuk.

Zeller sajt szalonnával

Szerver 4

6 szelet (szelet) csíkos szalonna
350 g kockára vágott zeller
30 ml/2 evőkanál forrásban lévő víz
30 ml/2 evőkanál vaj vagy margarin
30 ml/2 evőkanál sima (univerzális) liszt
300 ml/½ pt/1¼ csésze meleg teljes tejszín
5 ml/1 teáskanál angol mustár
225 g cheddar sajt, reszelve
Só és frissen őrölt fekete bors
Paprika
Rántott (pirított) kenyér tálaláshoz

A szalonnát tányérra tesszük és konyhapapírral lefedjük. Főzzük 4-4 és fél percig, a tányért egyszer megfordítva. A zsírt lecsepegtetjük, majd a szalonnát durvára vágjuk. A zellert a forrásban lévő vízzel külön edénybe tesszük. Fedjük le egy tányérral, és főzzük 10 percig, kétszer megfordítva az edényt. Lecsepegtetjük és tartalékoljuk a folyadékot. Tegye a vajat egy 1,5 literes/2½ pt/6 csésze edénybe. Felolvasztáskor 1-1,5 percig fedetlenül olvasszuk fel. Hozzákeverjük a lisztet, és 1 percig főzzük. Fokozatosan hozzákeverjük a tejet.Fedő nélkül, 4-5 percig főzzük, amíg egyenletesen besűrűsödik, percenként kavargatva. Keverjük össze a zelleres vizet, a zellert, a szalonnát, a mustárt és a sajt kétharmadát, ízlés szerint fűszerezzük. Tegye át a keveréket egy tiszta edénybe. A tetejére szórjuk a maradék sajtot, és megszórjuk paprikával. Melegítsük újra, fedő nélkül, 2 percig. Sült kenyérrel tálaljuk.

Articsóka pörkölt szalonnával

Szerver 4

Készítsük el úgy, mint a szalonnás zellersajtot, de a zellert hagyjuk ki. Helyezzen 350 g csicsókát egy tálba 15 ml/1 evőkanál citromlével és 90 ml/6 evőkanál forrásban lévő vízzel. Fedjük le fóliával (műanyag fóliával), és vágjuk kétszer, hogy a gőz távozzon. Főzzük 12-14 percig, amíg megpuhul. Lecsepegtetjük, 45 ml/3 evőkanálnyi vizet tartalékolva. Adjuk hozzá az articsókát és a vizet a mustáros, szalonnás és sajtos szószhoz.

Karéliai burgonya

Szerver 4

A tavaszi burgonya receptje Kelet-Finnországból.

450 g/1 font újburgonya, megmosva, de hámozatlanul
30 ml/2 evőkanál forrásban lévő víz
125 g/4 oz/½ csésze vaj, szobahőmérsékleten
2 kemény (keményre főtt) tojás, apróra vágva

Helyezze a burgonyát egy 900 ml/1½ pt/3¾ csésze térfogatú forrásban lévő vízbe. Fedjük le egy tányérral, és főzzük 11 percig, kétszer megkeverve. Közben a vajat sima krémmé verjük, és belekeverjük a tojásokat. A burgonyát lecsepegtetjük és a tojásos keveréket még nagyon forrón keverjük hozzá. Azonnal tálaljuk.

Holland burgonya és Gouda rakott paradicsommal

Szerver 4

Kellemes és melegítő vegetáriánus pörkölt, amelyet főtt zöld zöldségekkel vagy ropogós salátával tálalhatunk.

750 g főtt burgonya, vastagon szeletelve
3 nagy paradicsom, blansírozva, meghámozva és vékonyra szeletelve
1 nagy vöröshagyma, durvára reszelve
30 ml/2 evőkanál finomra vágott petrezselyem
175 g/6 uncia/1½ csésze Gouda sajt, reszelve
Só és frissen őrölt fekete bors
30 ml/2 evőkanál kukoricaliszt (kukoricakeményítő)
30 ml/2 evőkanál hideg tej
150 ml/¼ pt/2/3 csésze meleg víz vagy zöldségalaplé
Paprika

Töltsön meg egy kivajazott 1,5 literes/2½ pt/6 csésze edényt felváltva burgonyával, paradicsommal, hagymával, petrezselyemmel és a sajt kétharmadával, a rétegek közé szórva sót és borsot. A kukoricadarát simára keverjük a hideg tejjel, majd fokozatosan hozzáforgatjuk a forró vizet vagy a húslevest, majd az edény oldalára öntjük. A tetejére szórjuk a maradék sajtot, és megszórjuk paprikával. Fedjük le konyhai papírral, és melegítsük Full-on 12-15 percig. Tálalás előtt 5 percig állni hagyjuk.

Vajas és bolyhos édesburgonya tejszínnel

Szerver 4

450 g/1 font édes rózsaszín és sárga húsú burgonya (nem yam), meghámozva és felkockázva
60 ml/4 evőkanál forrásban lévő víz
45 ml/3 evőkanál vaj vagy margarin
60 ml/4 evőkanál tejszínhab, felmelegítve
Só és frissen őrölt fekete bors

Helyezze a burgonyát egy 1,25 literes/2¼ pt/5½ csésze edénybe. Adjuk hozzá a vizet. Fedjük le fóliával (műanyag fóliával), és vágjuk kétszer, hogy a gőz távozzon. Főzzük teljesen 10 percig, háromszor fordítsuk meg az edényt. Hagyja állni 3 percig. Lecsepegtetjük és jól pépesítjük. A vajat és a tejszínt alaposan felverjük, ízlés szerint fűszerezzük. Tegyük egy tálba, fedjük le egy tányérral, és melegítsük 1½-2 percig.

Maître d'Hôtel édesburgonya

Szerver 4

450 g/1 font édes rózsaszín és sárga húsú burgonya (nem yam), meghámozva és felkockázva
60 ml/4 evőkanál forrásban lévő víz
45 ml/3 evőkanál vaj vagy margarin
45 ml/3 evőkanál apróra vágott petrezselyem

Helyezze a burgonyát egy 1,25 literes/2¼ pt/5½ csésze edénybe. Adjuk hozzá a vizet. Fedjük le fóliával (műanyag fóliával), és vágjuk kétszer, hogy a gőz távozzon. Főzzük teljesen 10 percig, háromszor fordítsuk meg az edényt. 3 percig állni hagyjuk, majd leszűrjük. Adjuk hozzá a vajat és fordítsuk meg a burgonyát, majd szórjuk meg a petrezselyemmel.

Krémes burgonya

4-6

A mikrohullámú sütőben főtt burgonya megőrzi ízét és színét, és kiváló állagú. Tápanyagaikat megőrzik, mert a főzéshez felhasznált víz mennyisége minimális. Üzemanyag takarítható meg, és nincs mosnivaló edény – akár a burgonyát is megfőzheti saját tálalóedényében. A burgonyát a lehető legvékonyabbra pucoljuk, hogy megmaradjanak a vitaminok.

900 g/2 font hámozott burgonya, kockákra vágva
90 ml/6 evőkanál forrásban lévő víz

30-60 ml/2-4 evőkanál vaj vagy margarin

90 ml/6 evőkanál meleg tej

Só és frissen őrölt fekete bors

Tegye a burgonyadarabokat egy 1,75 literes/3 pt/7½ csészébe vízzel. Fedjük le fóliával (műanyag fóliával), és vágjuk kétszer, hogy a gőz távozzon. Főzzük teljesen 15-16 percig, négyszer megfordítva, amíg megpuhul. Ha szükséges leszűrjük, majd finomra pépesítjük, a vajat vagy a margarint és a tejet felváltva habosítjuk bele. Évad. Amikor könnyű és pihe-puha, villával pihegessük, és fedő nélkül, 2-2 és fél percig melegítsük újra.

Krémes burgonya petrezselyemmel

4-6

A burgonyakrémhez hasonlóan elkészítjük, de 45-60 ml/3-4 evőkanál apróra vágott petrezselymet keverjünk össze az ételízesítővel. Melegítse újra 30 másodpercig.

Krémes burgonya sajttal

4-6

Készítse el úgy, mint a tejszínes burgonyát, de keverjen össze 125 g reszelt kemény sajtot a fűszerekkel. Melegítse újra 1 és fél percig.

Paprikás magyar burgonya

Szerver 4

50 g/2 uncia/¼ csésze margarin vagy disznózsír
1 nagy hagyma, apróra vágva
750 g/1½ font burgonya, apróra vágva
45 ml/3 evőkanál szárított paprikapehely
10 ml/2 tk paprika
5 ml/1 teáskanál só
300 ml/½ pt/1¼ csésze forrásban lévő víz
60 ml/4 evőkanál tejsavas (tejsav) tejszín

Helyezze a margarint vagy a disznózsírt egy 1,75 literes/3 pt/7½ csésze edénybe. Fedő nélkül hevítsük 2 percig, amíg ropogós nem lesz. Adjuk hozzá a hagymát. Fedő nélkül, 2 percig főzzük. Hozzákeverjük a burgonyát, a paprikapehelyet, a paprikát, a sót és a forrásban lévő vizet, majd letakarjuk fóliával (műanyag fóliával), és kétszer vágjuk, hogy a gőz távozzon. Főzzük teljesen 20 percig, négyszer fordítsuk meg az edényt. 5 percig állni hagyjuk. Öntse felmelegített tányérokra, és mindegyik tetejére öntsön 15 ml/1 evőkanál crème fraîche-t.

Dauphine burgonya

6-ot szolgál ki

Gratin dauphinoise – a francia nagyok egyike, és élvezetes élmény. Tálaljuk leveles salátával vagy sült paradicsommal, vagy hús, szárnyas, hal és tojás kísérőjeként.

900 g/2 font viaszos burgonya, nagyon vékonyra szeletelve

1-2 gerezd fokhagyma, összetörve

75 ml/5 evőkanál olvasztott vaj vagy margarin

175 g/6 uncia/1½ csésze ementáli vagy Gruyère (svájci) sajt

Só és frissen őrölt fekete bors

300 ml/½ pt/1¼ csésze teljes tejszín

Paprika

A burgonya megpuhulásához tegyük egy nagy tálba, és öntsük fel forrásban lévő vízzel. 10 percig állni hagyjuk, majd leszűrjük. Keverjük össze a fokhagymát vajjal vagy margarinnal. Egy 25 cm/10 átmérőjű mély edényt kivajazunk. A burgonyával kezdődően és befejezve töltsük fel az edényt váltakozó rétegekben burgonyaszeletekkel, a sajt kétharmadával és a vajkeverék kétharmadával, a rétegek közé pedig szórjuk sóval és borssal.

Óvatosan öntse le a tejet az edény oldalára, majd kenje meg a maradék sajtot és fokhagymás vajat. Megszórjuk paprikával. Fedjük le fóliával (műanyag fóliával), és vágjuk kétszer, hogy a gőz távozzon. Főzzük teljesen 20 percig, négyszer fordítsuk meg az edényt. A burgonya legyen enyhén al dente, mint a tészta, de ha puhábbat szeretünk, főzzük még 3-5 percig teljes egészében. Hagyd állni 5 percig, majd fedd le és tálald.

Savoyard burgonya

6-ot szolgál ki

Készítse el úgy, mint a Dauphine Potatoes esetében, de a tejet cserélje le alaplével vagy fele fehérborral és fele alaplével.

Château burgonya

6-ot szolgál ki

Készítsünk úgy, mint a Dauphine Potatoes esetében, de a tej helyett közepes almabort használjunk.

Burgonya mandula vajas szósszal

4-5

450 g/1 font újburgonya, meghámozva és meghámozva
30 ml/2 evőkanál víz
75 g/3 uncia/1/3 csésze sótlan (édes) vaj
75 g/3 oz/¾ csésze pelyhes (szeletelt) mandula, pirítva és morzsolva
15 ml/1 evőkanál friss limelé

Helyezze a burgonyát egy 1,5 literes/2½ pt/6 csésze edénybe vízzel. Fedjük le fóliával (műanyag fóliával), és vágjuk kétszer, hogy a gőz távozzon. Főzzük 11-12 percig, amíg megpuhul. Hagyjuk állni, amíg elkészítjük a szószt. Tegye a vajat egy mérőkancsóba, és fedő nélkül olvassa fel kiolvasztáskor 2-2 és fél percig. Hozzákeverjük a többi hozzávalót, a lecsepegtetett burgonyával megforgatjuk és tálaljuk.

Mustár és lime paradicsom

Szerver 4

Friss héja a paradicsomot bárány- és baromfihús, valamint lazac és makréla köretének is vonzóvá varázsolja.

4 nagy paradicsom, vízszintesen félbevágva
Só és frissen őrölt fekete bors
5 ml/1 tk finomra reszelt lime héj
30 ml/2 evőkanál teljes kiőrlésű mustár
1 lime leve

Tegye a paradicsomokat körbe, vágott oldalukkal felfelé egy nagy tányér szélére. Sózzuk, borsozzuk. A többi hozzávalót alaposan összekeverjük és a paradicsomra kenjük. Fedő nélkül 6 percig főzzük, háromszor megfordítva a tányért. Hagyja állni 1 percig.

Párolt uborka

Szerver 4

1 uborka, meghámozva
30 ml/2 evőkanál vaj vagy margarin, konyhai hőmérsékleten
2,5-5 ml/½-1 teáskanál só
30 ml/2 evőkanál finomra vágott petrezselyem vagy koriander
(koriander) levél

Vágja nagyon vékonyra az uborkát, hagyja állni 30 percig, majd egy tiszta konyharuhában (mosogatórongy) csavarja szárazra. Tegye a vajat vagy a margarint egy 1,25 literes/2¼ pt/5½ csésze edénybe, és fedő nélkül olvassa fel kiolvasztáskor 1-1,5 percig. Keverje hozzá az uborkát és a sót, és óvatosan dobja rá, amíg jól el nem keni a vaj. Fedjük le egy tányérral, és főzzük 6 percig, kétszer megkeverve. Fedjük le, és keverjük hozzá petrezselymet vagy koriandert.

Párolt uborka Pernoddal

Szerver 4

Készítse el úgy, mint a párolt uborkát, de adjon hozzá 15 ml/1 evőkanál Pernodot az uborkával.

Velő spanyol

Szerver 4

Nyári kiegészítő a baromfi és hal kiegészítésére.

15 ml/1 evőkanál olívaolaj
1 nagy hagyma, meghámozva és apróra vágva
3 nagy paradicsom, blansírozva, meghámozva és apróra vágva
450 g/1 font magbél (tök), meghámozva és felkockázva
15 ml/1 evőkanál majoránna vagy oregánó, apróra vágva
5 ml/1 teáskanál só
Frissen őrölt fekete bors

Az olajat egy 1,75 literes/3 pt/7½ csésze fedetlen edényben 1 percig teljesen felmelegítjük. Keverjük hozzá a hagymát és a paradicsomot, fedjük le egy tányérral, és főzzük 3 percig. Keverjük össze az összes többi hozzávalót, adjunk hozzá borsot ízlés szerint. Fedjük le egy tányérral, és főzzük Full-on 8-9 percig, amíg a velő megpuhul. Hagyja állni 3 percig.

Cukkini és paradicsom gratin

Szerver 4

3 paradicsom blansírozva, meghámozva és durvára vágva
4 cukkini (cukkini), tetejére, farkára és vékonyra szeletelve
1 hagyma, apróra vágva
15 ml/1 evőkanál maláta vagy rizsecet
30 ml/2 evőkanál apróra vágott lapos petrezselyem
1 gerezd fokhagyma, zúzott
Só és frissen őrölt fekete bors
75 ml/5 evőkanál Cheddar vagy ementáli sajt, reszelve

Tegye a paradicsomot, a cukkinit, a hagymát, az ecetet, a petrezselymet és a fokhagymát egy mély, 20 cm/8 átmérőjű edénybe. Ízlés szerint fűszerezzük és jól összeforgatjuk. Fedjük le fóliával (műanyag fóliával), és vágjuk kétszer, hogy a gőz távozzon. Főzzük teljesen 15 percig, háromszor fordítsuk meg az edényt. Fedjük le és szórjuk meg a sajttal. Vagy barnítsa meg hagyományosan a grill alatt (brojler), vagy az időmegtakarítás érdekében térjen vissza a mikrohullámú sütőbe, és melegítse teljes hőfokon 1-2 percig, amíg a sajt felbuborékol és elolvad.

Cukkini borókabogyóval

4-5

8 borókabogyó

30 ml/2 evőkanál vaj vagy margarin

450 g/1 font cukkini (cukkini), tetején, farkával és vékonyra szeletelve

2,5 ml/½ teáskanál só

30 ml/2 evőkanál finomra vágott petrezselyem

A borókabogyót egy fakanál hátával enyhén törjük össze. Tegye a vajat vagy a margarint egy 20 cm/8 átmérőjű mélytálba. Felolvasztáskor 1-1,5 percig fedetlenül olvasszuk fel. Belekeverjük a borókabogyót, a cukkinit és a sót, és egyenletes rétegben elosztjuk úgy, hogy ellepje az edény alját. Fedjük le fóliával (műanyag fóliával), és vágjuk kétszer, hogy a gőz távozzon. Főzzük teljesen 10 percig, négyszer fordítsuk meg az edényt. Hagyja 2 percig. Fedjük le és szórjuk meg a petrezselyemmel.

Vajas kínai levelek Pernoddal

Szerver 4

A fehér káposzta és a kemény saláta textúrájában és ízében keresztező kínai levelek nagyon látványos főtt zöldségek, és a Pernod hozzáadásával nagymértékben fokozza az ánizs finom és finom érintését.

675 g/1½ font kínai levelek, aprítva
50 g/2 uncia/¼ csésze vaj vagy margarin
15 ml/1 evőkanál Pernod
2,5-5 ml/½-1 teáskanál só

Helyezze a felaprított leveleket egy 2 liter/3½ pt/8½ csésze edénybe. Egy külön edényben olvasszuk fel a vajat vagy a margarint úgy, hogy 2 percig kiolvasztjuk. Adjuk hozzá a káposztához Pernoddal és sóval, és óvatosan keverjük össze. Fedjük le egy tányérral, és főzzük 12 percig, kétszer megkeverve. Tálalás előtt 5 percig állni hagyjuk.

Kínai stílusú babcsíra

Szerver 4

450 g/1 font friss babcsíra
10 ml/2 tk sötét szójaszósz
5 ml/1 teáskanál Worcestershire szósz
5 ml/1 teáskanál hagymás só

Keverje össze az összes hozzávalót egy nagy keverőtálban. Tegyük át egy mély, 20 cm/8 átmérőjű tűzálló edénybe (holland sütő). Lefedjük egy tányérral, és 5 percig főzzük. Hagyjuk állni 2 percig, majd keverjük össze és tálaljuk.

Sárgarépa naranccsal

4-6

50 g/2 uncia/¼ csésze vaj vagy margarin
450 g/1 font sárgarépa, lereszelve
1 hagyma, lereszelve
15 ml/1 evőkanál friss narancslé
5 ml/1 teáskanál finomra reszelt narancshéj
5 ml/1 teáskanál só

Tegye a vajat vagy a margarint egy 20 cm/8 átmérőjű mélytálba. Fedél nélkül olvasszuk fel, amikor 1½ percig kiolvasztjuk. Keverje hozzá az összes többi hozzávalót, és alaposan keverje össze. Fedjük le fóliával (műanyag fóliával), és vágjuk kétszer, hogy a gőz távozzon. Főzzük 15 percig, kétszer megfordítva az edényt. Tálalás előtt 2-3 percig állni hagyjuk.

Párolt cikória

Szerver 4

Szokatlan zöldséges köret, amely enyhén spárga ízű. Tojás- és szárnyasételekhez tálaljuk.

4 fej cikória (belga endívia)
30 ml/2 evőkanál vaj vagy margarin
1 db zöldségleves kocka
15 ml/1 evőkanál forrásban lévő víz
2,5 ml/½ teáskanál hagymás só
30 ml/2 evőkanál citromlé

Vágja le a cikóriát, dobja el a sérült vagy sérült külső leveleket. Távolítson el egy kúp alakú magot mindegyik aljáról, hogy csökkentse a keserűséget. Vágja a cikóriát 1,5 cm/½ vastag szeletekre, és tegye egy 1,25 literes/2¼ pt/5½ csésze rakott edénybe (holland sütő). A vajat vagy a margarint külön-külön olvasszuk fel 1,5 percig történő kiolvasztással. Öntsük rá cikóriát. A forrásban lévő vízbe morzsoljuk a húsleveskockát, majd adjuk hozzá a sót és a citromlevet. Öntsük rá cikóriát. Fedjük le fóliával (műanyag fóliával), és vágjuk kétszer, hogy a gőz távozzon. Főzzük teljesen 9 percig, háromszor fordítsuk meg az edényt. Tálalás előtt 1 percig állni hagyjuk az edényből származó levekkel.

Párolt sárgarépa lime-mal

Szerver 4

Intenzív narancssárga sárgarépa étel húspörköltekhez és vadhúsokhoz.

450 g/1 font sárgarépa, vékonyra szeletelve
60 ml/4 evőkanál forrásban lévő víz
30 ml/2 evőkanál vaj
1,5 ml/¼ teáskanál kurkuma
5 ml/1 tk finomra reszelt lime héj

Helyezze a sárgarépát egy 1,25 literes/2¼ pt/5½ csésze forrásban lévő vízbe. Fedjük le fóliával (műanyag fóliával), és vágjuk kétszer, hogy a gőz távozzon. Főzzük teljesen 9 percig, háromszor fordítsuk meg az edényt. Hagyja 2 percig. Csatorna. Azonnal dobd bele a vajat, a kurkumát és a lime héját, azonnal fogyaszd.

Édeskömény Sherryben

Szerver 4

900 g/2 font édeskömény
50 g/2 uncia/¼ csésze vaj vagy margarin
2,5 ml/½ teáskanál só
7,5 ml/1½ teáskanál francia mustár
30 ml/2 evőkanál közepesen száraz sherry
2,5 ml/½ teáskanál szárított vagy 5 ml/1 teáskanál apróra vágott friss tárkony

Mossa meg és szárítsa meg az édesköményt. Dobja el a barna területeket, de hagyja őket az "ujjakon" és a zöld leveleken. Olvasszuk fel a vajat vagy a margarint fedő nélkül, amikor kiolvasztjuk 1,5-2 percig. Óvatosan keverje hozzá a többi hozzávalót. Minden édesköményfejet negyedeljen, és tegye egy 25 cm/10 átmérőjű mély edénybe. Kenjük be a vajas keverékkel. Fedjük le egy tányérral, és főzzük 20 percig, miközben az edényt négyszer fordítjuk meg. Tálalás előtt 7 percig állni hagyjuk.

Boron párolt póréhagyma sonkával

Szerver 4

5 keskeny póréhagyma, összesen körülbelül 450 g/1 font
30 ml/2 evőkanál vaj vagy margarin, konyhai hőmérsékleten
225 g/8 uncia/2 csésze főtt sonka, apróra vágva
60 ml/4 evőkanál vörösbor
Só és frissen őrölt fekete bors

Vágja le a whiskys végeket a póréhagymáról, majd 10 cm kivételével mindegyik zöld "szoknyát" vágja le. Óvatosan félbevágjuk a póréhagymát hosszában majdnem a tetejéig. Alaposan mossa meg a levelek között hideg folyó víz alatt, hogy eltávolítsa a szennyeződést vagy a szemcséket. Tegye a vajat vagy a margarint egy 25 x 20 cm-es/10 x 8 méretű edénybe. Olvasszuk fel 1-1,5 percig, majd kenjük át az alját és az oldalát. A póréhagymát egy rétegben az alapra helyezzük. Meglocsoljuk sonkával és borral, fűszerezzük. Fedjük le fóliával (műanyag fóliával), és vágjuk kétszer, hogy a gőz távozzon. Főzzük 15 percig, kétszer megfordítva az edényt. 5 percig állni hagyjuk.

Póréhagyma cserépben

Szerver 4

5 keskeny póréhagyma, összesen körülbelül 450 g/1 font
30 ml/2 evőkanál vaj vagy margarin
60 ml/4 evőkanál zöldségalaplé
Só és frissen őrölt fekete bors

Vágja le a whiskys végeket a póréhagymáról, majd 10 cm kivételével mindegyik zöld "szoknyát" vágja le. Óvatosan félbevágjuk a póréhagymát hosszában majdnem a tetejéig. Alaposan mossa meg a levelek között hideg folyó víz alatt, hogy eltávolítsa a szennyeződést vagy a szemcséket. 1,5 cm/½ vastag szeletekre vágjuk. Helyezze egy 1,75 literes/3 pt/7½ csésze rakott edénybe (holland sütő). Egy külön tálban olvasszuk fel a vajat vagy a margarint 1½ percig. Adjuk hozzá az alaplevet és kóstoljuk meg. Ráöntjük a póréhagymára. Fedjük le egy tányérral, és főzzük 10 percig, kétszer megkeverve.

Zeller edényben

Szerver 4

Készítse el úgy, mint a serpenyőben sült póréhagymát, de cserélje ki a póréhagymát 450 g/1 font mosott zellerre. Ha tetszik, adjunk hozzá egy apróra vágott hagymát, és főzzük további 1,5 percig.

Hússal töltött paprika

Szerver 4

4 zöldpaprika
30 ml/2 evőkanál vaj vagy margarin
1 hagyma, finomra vágva
225 g/8 uncia/2 csésze sovány darált marhahús
30 ml/2 evőkanál hosszú szemű rizs
5 ml/1 tk szárított fűszernövénykeverék
5 ml/1 teáskanál só
120 ml/4 fl uncia/¼ csésze forró víz

Vágja le a paprikák tetejét, és mentse el. Dobja el a belső rostokat és a magokat minden paprikából. Vágjon le egy vékony szeletet mindegyik alapról, hogy felborulás nélkül álljanak fel. Egy edénybe tegyük a vajat vagy a margarint, és hevítsük Full-on 1 percig. Adjuk hozzá a hagymát. Fedő nélkül, 3 percig főzzük. Belekeverjük a húst, villával összetörjük. Fedő nélkül, 3 percig főzzük. Hozzákeverjük a rizst, a fűszernövényeket, a sót és 60 ml/4 evőkanál vizet, majd a keveréket a paprikába öntjük. Helyezze függőlegesen és szorosan egymás mellé egy tiszta mélytálba. Tedd vissza a fedőt, és öntsd a maradék vizet a paprika körül a szószhoz. Fedjük le fóliával (műanyag fóliával), és vágjuk kétszer, hogy a gőz távozzon. Főzzük 15 percig, kétszer megfordítva az edényt. Tálalás előtt 10 percig állni hagyjuk.

Hússal töltött paprika paradicsommal

Szerver 4

A hússal töltött paprikához hasonlóan elkészítjük, de a vizet helyettesítsük 10 ml/2 tk-al édesített paradicsomlével.

Pulyka töltött paprika citrommal és kakukkfűvel

Szerver 4

Készítse el úgy, mint a hússal töltött paprikát, de a marhahús helyett őrölt pulykahúst és 2,5 ml/½ teáskanál kakukkfüvet a fűszernövények keverékével. Adjunk hozzá 5 ml/1 teáskanál finomra reszelt citromhéjat.

Krémes szivacsok lengyel stílusban

6-ot szolgál ki

Lengyelországban és Oroszországban gyakori, ahol a gombák minden asztalon előkelő helyet foglalnak el. Fogyassz újburgonyával és főtt tojással.

30 ml/2 evőkanál vaj vagy margarin
450 g/1 font gomba
30 ml/2 evőkanál kukoricaliszt (kukoricakeményítő)
30 ml/2 evőkanál hideg víz
300 ml/½ pt/1¼ csésze tejsavas tejszín
10 ml/2 teáskanál só

Helyezzen vajat vagy margarint egy mély, 2,25 literes/4 pt/10 csésze edénybe. Fedél nélkül olvasszuk fel, amikor 1½ percig kiolvasztjuk. Belekeverjük a gombát, majd tányérra lefedve 5 percig főzzük, kétszer megkeverve. A kukoricadarát simára keverjük a vízzel, majd hozzákeverjük a tejszínt, majd óvatosan beleforgatjuk a gombát. Fedjük le, mint korábban, és főzzük 7-8 percig, háromszor megkeverve, amíg sűrű és krémes nem lesz. Keverjük hozzá a sót, és azonnal fogyasszuk.

Paprika gomba

szolgál 6

Készítsük el úgy, mint a lengyel stílusú krémes szivacsokat, de a vajhoz vagy a margarinhoz adjunk 1 gerezd zúzott fokhagymát, mielőtt felolvasztjuk. Keverjünk össze 15 ml/1 evőkanál paradicsompürét és paprikát a gombával. Kis tésztával tálaljuk.

Curry gomba

szolgál 6

Úgy készítsük el, mint a lengyel stílusú krémes szivacsokat, de a vajhoz vagy margarinhoz adjunk 15-30 ml/1-2 evőkanál enyhe curry pasztát és egy gerezd zúzott fokhagymát, mielőtt felolvadnánk. Cserélje ki a tejszínt sűrű natúr joghurttal, és keverjen hozzá 10 ml/2 teáskanál porcukor (szuperfinom) cukrot a sóval. Rizzsel tálaljuk.

Lencse Dhal

6-7

Kifejezetten keleti, indiai gyökereiből ez a Lentil Dhal, amelyet szeretettel ízesítenek számtalan fűszerrel, és akár curryk kísérőjeként, akár rizzsel önmagában is tálalható, tápláló és teljes értékű ételként.

50 g ghí, vaj vagy margarin
4 hagyma, apróra vágva
1-2 gerezd fokhagyma, összetörve
225 g/8 uncia/1 1/3 csésze narancslencse, alaposan kiöblítve
5 ml/1 teáskanál kurkuma
5 ml/1 teáskanál paprika
2,5 ml/½ teáskanál őrölt gyömbér
20 ml/4 teáskanál garam masala
1,5 ml/¼ teáskanál cayenne bors
Magok 4 zöld kardamom hüvelyből
15 ml/1 evőkanál paradicsompüré (tészta)
750 ml/1¼ pt/3 csésze forrásban lévő víz
7,5 ml/1½ teáskanál só
Apróra vágott koriander (koriander) levelek, díszítéshez

Helyezzen ghit, vajat vagy margarint egy 1,75 literes, 3 pt/7½ csésze rakott edénybe (holland sütő). Melegen, fedetlenül, 1 percig töltve. Keverjük hozzá a hagymát és a fokhagymát, majd fedjük le egy tányérra, és főzzük 3 percig. Az összes többi hozzávalót egy tányérral letakarva főzzük 15 percig, négyszer megkeverve. Hagyja állni 3 percig. Ha túl sűrű az egyéni ízléshez, hígítsa fel kevés forrásban lévő vízzel. Tálalás előtt villával felfújjuk, korianderrel díszítjük.

Dhal hagymával és paradicsommal

6-7

3 hagyma

50 g ghí, vaj vagy margarin

1-2 gerezd fokhagyma, összetörve

225 g/8 uncia/1 1/3 csésze narancslencse, alaposan kiöblítve

3 paradicsom, blansírozva, meghámozva és apróra vágva

5 ml/1 teáskanál kurkuma

5 ml/1 teáskanál paprika

2,5 ml/½ teáskanál őrölt gyömbér

20 ml/4 teáskanál garam masala

1,5 ml/¼ teáskanál cayenne bors

Magok 4 zöld kardamom hüvelyből

15 ml/1 evőkanál paradicsompüré (tészta)

750 ml/1¼ pt/3 csésze forrásban lévő víz

7,5 ml/1½ teáskanál só

1 nagy vöröshagyma, vékonyra szeletelve

10 ml/2 tk napraforgó- vagy kukoricaolaj

1 hagymát vékonyan felszeletelünk, a többit felaprítjuk. Helyezzen ghit, vajat vagy margarint egy 1,75 literes, 3 pt/7½ csésze rakott edénybe (holland sütő). Melegen, fedetlenül, 1 percig töltve. Belekeverjük az apróra vágott hagymát és a fokhagymát, majd tányérra lefedve 3 percig főzzük. Keverjük hozzá az összes többi

hozzávalót, fedjük le egy tányérral, és főzzük 15 percig, négyszer megkeverve. Hagyja állni 3 percig. Ha túl sűrű az egyéni ízléshez, hígítsa fel kevés forrásban lévő vízzel. A felszeletelt hagymát karikákra osztjuk, és az olajon hagyományos módon aranybarnára és ropogósra sütjük (dinszteljük). Tálalás előtt szurkáljuk meg a dhalt villával, hagymakarikákkal díszítve. (Alternatív megoldásként elhagyhatja a felszeletelt hagymát, helyette a szupermarketekben kapható kész sült hagymával díszítheti.)

Madras zöldségek

Szerver 4

25 g/1 uncia/2 evőkanál ghí vagy 15 ml/1 evőkanál földimogyoró-olaj (mogyoróolaj)

1 hagyma, meghámozva és apróra vágva

1 póréhagyma, vágva és apróra vágva

2 gerezd fokhagyma, zúzott

15 ml/1 evőkanál forró curry por

5 ml/1 teáskanál őrölt kömény

5 ml/1 teáskanál garam masala

2,5 ml/½ teáskanál kurkuma

1 kis citrom leve

150 ml/¼ pt/2/3 csésze zöldségalaplé

30 ml/2 evőkanál paradicsompüré (tészta)

30 ml/2 evőkanál pörkölt kesudió

450 g/1 font kockára vágott vegyes főtt gyökérzöldség

175 g/6 uncia/¾ csésze barna rizs, főtt

Popadoms, szolgálni

Helyezzen ghit vagy olajat egy 2,5 literes/4½ pt/11 csésze edénybe. Melegen, fedetlenül, 1 percig töltve. Adjuk hozzá a hagymát, a póréhagymát és a fokhagymát, és alaposan keverjük össze. Fedő nélkül, 3 percig főzzük. Adjuk hozzá a curryt, a köményt, a garam masala-t, a kurkumát és a citromlevet. Fedő nélkül 3 percig főzzük, kétszer megkeverve. Adjuk hozzá a húslevest, a paradicsompürét és a kesudiót. Fedjük le egy fordított tányérral, és főzzük 5 percig. Keverjük hozzá a zöldségeket, fedjük le, mint korábban, és melegítsük teljesen 4 percig. Barna rizzsel és popadomokkal tálaljuk.

Vegyes zöldség curry

6-ot szolgál ki

*1,6 kg vegyes zöldség, például piros vagy zöld paprika; cukkini
(cukkini); hámozott padlizsán (padlizsán); sárgarépa; krumpli;
kelbimbó vagy brokkoli; hagyma; póréhagyma
30 ml/2 evőkanál mogyoró- vagy kukoricaolaj
2 gerezd fokhagyma, zúzott
60 ml/4 evőkanál paradicsompüré (tészta)
45 ml/3 evőkanál garam masala
30 ml/2 evőkanál enyhe, közepes vagy forró currypor
5 ml/1 teáskanál őrölt koriander (koriander)
5 ml/1 teáskanál őrölt kömény
15 ml/1 evőkanál só
1 nagy babérlevél
400g/14oz/1 nagy konzerv apróra vágott paradicsom
15 ml/1 evőkanál nádcukor (szuper finom).
150 ml/¼ pt/2/3 csésze forrásban lévő víz
250g/9oz/bőséges 1 csésze basmati vagy hosszú szemű rizs, főzve
Sűrű natúr joghurt, tálaláshoz*

Készítse elő az összes zöldséget típus szerint. Ha szükséges, apró kockákra vagy szeletekre vágjuk. Helyezze egy 2,75 liter/5 pt/12 csésze mély edénybe. Keverje össze az összes többi összetevőt, kivéve a forrásban lévő vizet és a rizst. Fedjük le egy nagy tányérral, és főzzük 25-30 percig, négyszer megkeverve, amíg a zöldségek megpuhulnak, de még mindig kemények. Távolítsa el a babérlevelet, keverje hozzá a vizet, és kóstolja meg a fűszerekkel - a curryhez szükség lehet egy kis sózásra. A rizzsel és egy tál sűrű natúr joghurttal tálaljuk.

Zselés mediterrán saláta

6-ot szolgál ki

300 ml/½ pt/1¼ csésze hideg zöldségalaplé vagy zöldségalaplé

15 ml/1 evőkanál porzselatin

45 ml/3 evőkanál paradicsomlé

45 ml/3 evőkanál vörösbor

1 zöldpaprika kimagozva és csíkokra vágva

2 paradicsom, blansírozva, meghámozva és apróra vágva

30 ml/2 evőkanál lecsepegtetett kapribogyó

50 g/2 oz/¼ csésze apróra vágott cornichon

12 töltött olajbogyó, szeletelve

10 ml/2 teáskanál szardellaszósz

Öntsön 45 ml/3 evőkanál alaplevet vagy zöldséglevet egy tálba. Keverjük hozzá a zselatint, hagyjuk 5 percig, hogy megpuhuljon. Felolvasztáskor 2-2½ percig fedetlenül olvasszuk fel. Keverje hozzá a maradék húslevest a paradicsomlével és a borral. Ha kihűlt, fedjük le, majd tegyük hűtőbe, amíg éppen kezd besűrűsödni és megdermedni. Tegyük a paprikacsíkokat egy tálba, és öntsük fel forrásban lévő vízzel. Hagyjuk 5 percig, hogy megpuhuljon, majd csepegtessük le. A paradicsomot és a paprikacsíkokat az összes többi hozzávalóval együtt keverjük a dermedt zselébe. Tegye át egy 1,25 literes/2¼ pt/5½ csésze nedvesített zselés formába vagy medencébe. Fedjük le és tegyük hűtőbe néhány órára, amíg megszilárdul. A tálaláshoz mártsa be a formát vagy a tálat a tálba, és mártsa ki belőle forró vízzel, hogy meglazuljon, majd egy forró, nedves késsel óvatosan körbefutja az oldalát. Tálalás előtt nedves tányérra fordítjuk.

Görög zselés saláta

6-ot szolgál ki

Úgy készítsük el, mint a zselés mediterrán salátát, de hagyjuk ki a kapribogyót és az uborkát (cornichons). Adjon hozzá 125 g finomra vágott feta sajtot és 1 apróra vágott hagymát. Cserélje ki a kimagozott (kimagozott) fekete olajbogyót kimagozottra.

Orosz zselés saláta

6-ot szolgál ki

Készítse el úgy, mint a zselésített mediterrán salátát, de 90 ml/6 evőkanál majonézt cseréljen ki paradicsomlével és borral, valamint 225 g/8 oz/2 csésze apróra vágott sárgarépát és burgonyát paradicsommal és paprikával. Adjunk hozzá 30 ml/2 evőkanál főtt borsót.

Mustáros majonézes karalábé saláta

6-ot szolgál ki

900 g/2 font karalábé
75 ml/5 evőkanál forrásban lévő víz
5 ml/1 teáskanál só
10 ml/2 teáskanál citromlé
60-120 ml/4-6 evőkanál sűrű majonéz
10-20 ml/2-4 tk teljes kiőrlésű mustár
Szeletelt retek, díszítéshez

A karalábét vastagon meghámozzuk, alaposan megmossuk, és mindegyik fejét nyolc darabra vágjuk. Tegye egy 1,25 literes/3 pt/7½ csésze vízbe, sóba és citromlébe. Fedjük le fóliával (műanyag fóliával), és vágjuk kétszer, hogy a gőz távozzon. Főzzük 10-15 percig, háromszor megfordítva, amíg megpuhul. Lecsöpögtetjük, felvágjuk vagy felkockázzuk, és egy keverőtálba tesszük. Keverje össze a majonézt és a mustárt, és dobja bele a karalábét, amíg a darabokat alaposan bevonja. Tegyük egy tálba, és díszítsük a retekszeletekkel.

Cékla, zeller és alma csésze

6-ot szolgál ki

60 ml/4 evőkanál hideg víz
15 ml/1 evőkanál porzselatin
225 ml/8 fl oz/1 csésze almalé
30 ml/2 evőkanál málnaecet
5 ml/1 teáskanál só
225 g/8 uncia főtt (nem pácolt) cékla (répa), durvára reszelve
1 étkezési (desszert) alma meghámozva és durvára reszelve
1 szál zeller, vékony gyufaszálra vágva
1 kisebb hagyma, apróra vágva

Öntsön 45 ml/3 evőkanál hideg vizet egy kis tálba, és keverje hozzá a zselatint, hagyja 5 percig, hogy megpuhuljon. Felolvasztáskor 2-2½ percig fedetlenül olvasszuk fel. Hozzákeverjük a maradék hideg vizet az almalével, ecettel és sóval. Ha kihűlt, fedjük le, majd tegyük hűtőbe, amíg éppen kezd besűrűsödni és megdermedni. Adja hozzá a céklát, az almát, a zellert és a hagymát a részben megkötött zseléhez, és óvatosan keverje össze, amíg teljesen el nem keveredik. Töltsük át hat kis nedves csészébe, majd fedjük le és tegyük hűtőbe, amíg megszilárdul és megszilárdul. Forgassa ki az egyes tányérokra.

Mock Waldorf kupák

6-ot szolgál ki

Készítse el úgy, mint a céklás, zeller és alma csészében, de adjon hozzá 30 ml/2 evőkanál darált diót a zöldségekkel és az almával.

Zeller saláta fokhagymával, majonézzel és pisztáciával

6-ot szolgál ki

900 g zeller (zellergyökér)
300 ml/½ pt/1¼ csésze hideg víz
15 ml/1 evőkanál citromlé
7,5 ml/1½ teáskanál só
1 gerezd fokhagyma, zúzott
45 ml/3 evőkanál durvára vágott pisztácia
60-120 ml/4-8 evőkanál sűrű majonéz
Radicchio levelek és egész pisztácia, díszítéshez

A zellert vastagon meghámozzuk, alaposan megmossuk, és mindegyik fejet nyolc darabra vágjuk. Helyezze egy 2,25 literes/4 pt/10 csésze edénybe vízzel, citromlével és sóval. Fedjük le fóliával (műanyag fóliával), és vágjuk kétszer, hogy a gőz távozzon. Főzzük teljesen 20 percig, négyszer fordítsuk meg az edényt. Lecsöpögtetjük és szeletekre vágjuk, majd keverőtálba tesszük. Adjuk hozzá a fokhagymát és az apróra vágott pisztáciát. Még melegen felöntjük a majonézzel, amíg a zellerdarabok alaposan be nem vonódnak. Tegyük át egy tálalóedénybe. Tálalás előtt díszítsük radicchio levelekkel és pisztáciával, lehetőleg még kissé melegen.

Kontinentális zeller saláta

Szerver 4

A finom és egymást kiegészítő ízek gyűjteménye teszi ezt a karácsonyi salátát hideg pulyka és gammon számára.

750 g/1½ font zeller (zeller gyökér)

75 ml/5 evőkanál forrásban lévő víz

5 ml/1 teáskanál só

10 ml/2 teáskanál citromlé

Az öltözködéshez:

30 ml/2 evőkanál kukorica- vagy napraforgóolaj

15 ml/1 evőkanál maláta vagy almaecet

15 ml/1 evőkanál mustár

2,5–5 ml/½–1 teáskanál kömény

1,5 ml/¼ teáskanál só

5 ml/1 teáskanál nádcukor (szuper finom).

Frissen őrölt fekete bors

A zellert vastagon meghámozzuk és apró kockákra vágjuk. Helyezze egy 1,75 literes/3 pt/7½ csésze edénybe. Adjunk hozzá forrásban lévő vizet, sót és citromlevet. Fedjük le fóliával (műanyag fóliával), és vágjuk kétszer, hogy a gőz távozzon. Főzzük 10-15 percig, háromszor megfordítva, amíg megpuhul. Csatorna. Az összes többi hozzávalót alaposan keverjük össze. Hozzáadjuk a forró zellerhez, és alaposan összeforgatjuk. Fedjük le és hagyjuk kihűlni. Szobahőmérsékleten tálaljuk.

Zeller saláta szalonnával

Szerver 4

A kontinentális zellersalátához hasonlóan elkészítjük, de az öntettel egyidőben adjunk hozzá 4 szelet szalonnát, ropogósra grillezve (sütve) és morzsolva.

Articsóka saláta paprikával és tojással meleg öntettel

6-ot szolgál ki

400g/14oz/1 nagy konzerv articsóka szív, lecsepegtetve
400g/14oz/1 nagy doboz piros pimientos, lecsepegtetve
10 ml/2 tk vörösborecet
60 ml/4 evőkanál citromlé
125 ml/4 fl uncia/½ csésze olívaolaj
1 gerezd fokhagyma, zúzott
5 ml/1 teáskanál kontinentális mustár
5 ml/1 teáskanál só
5 ml/1 teáskanál nádcukor (szuper finom).
4 nagy kemény (keményre főtt) tojás meghámozva és lereszelve
225 g/8 uncia/2 csésze feta sajt, kockára vágva

Az articsókát félbevágjuk, a pimientókat csíkokra vágjuk. Egy nagy tányér köré felváltva rendezzük el úgy, hogy a közepén lyukat hagyjunk. Tedd egy kis tálba az ecetet, a citromlevet, az olajat, a fokhagymát, a mustárt, a sót és a cukrot. Fedő nélkül melegítsük 1 percig, kétszer keverjük fel. A tojást és a sajtot egy kupacba rakjuk a saláta közepére, és óvatosan ráöntjük a forró öntettel.

Zsályás és hagymás töltelék

225-275 g/8-10oz/11/3-12/3 csésze

Sertéshúshoz.

25 g/1 uncia/2 evőkanál vaj vagy margarin
2 hagyma, előfőzve (lásd a táblázatot a 45. oldalon), apróra vágva
125 g/4 uncia/2 csésze fehér vagy barna zsemlemorzsa
5 ml/1 teáskanál szárított zsálya
Egy kis víz vagy tej
Só és frissen őrölt fekete bors

Helyezzen vajat vagy margarint egy 1 literes/1¾ pt/4¼ csésze edénybe. Melegen, fedetlenül, 1 percig töltve. Belekeverjük a hagymát, fedő nélkül, 3 percig főzzük, percenként megkeverve. Hozzákeverjük a zsemlemorzsát és a zsályát és annyi vizet vagy tejet, hogy omlós állagot kapjunk. Ízlés szerint fűszerezzük. Használja hidegen.

Zeller és pesto töltelék

225-275 g/8-10oz/1 1/3-1 2/3 csésze

Halhoz és baromfihoz.

A zsályás és hagymás töltelékhez hasonlóan elkészítjük, de a hagymát 2 apróra vágott zellerszárra cseréljük. Fűszerezés előtt keverj hozzá 10 ml/2 teáskanál zöld pestót.

Póréhagyma és paradicsom töltelék

225-275 g/8-10oz/1 1/3-1 2/3 csésze

Húshoz és baromfihoz.

25 g/1 uncia/2 evőkanál vaj vagy margarin
2 póréhagyma, csak fehér része, nagyon vékonyra szeletelve
2 paradicsom, blansírozva, meghámozva és apróra vágva
125 g/4 uncia/2 csésze friss fehér kenyérmorzsa
Só és frissen őrölt fekete bors
Esetleg csirkealaplé

Helyezzen vajat vagy margarint egy 1 literes/1¾ pt/4¼ csésze edénybe. Melegen, fedetlenül, 1 percig töltve. Hozzákeverjük a póréhagymát. Fedő nélkül 3 percig főzzük, háromszor megkeverve. Hozzákeverjük a paradicsomot és a zsemlemorzsát, és megkóstoljuk. Ha szükséges, kösse be. készlettel. Használja hidegen.

Szalonna töltelék

225-275 g/8-10oz/1 1/3-1 2/3 csésze

Húshoz, szárnyashoz és erősen ízesített halhoz.

4 szelet (szelet) csíkos bacon, apróra vágva

25 g/1 uncia/2 evőkanál vaj, margarin vagy zsír

125 g/4 uncia/2 csésze friss fehér kenyérmorzsa

5 ml/1 teáskanál Worcestershire szósz

5 ml/1 teáskanál készült mustár

2,5 ml/½ teáskanál szárított fűszernövénykeverék

Só és frissen őrölt fekete bors

Tej, ha szükséges

Tegye a szalonnát egy 1 literes/1¾ pt/4¼ csésze edénybe a vajjal, margarinnal vagy zsírral együtt. Fedő nélkül 2 percig főzzük, egyszer megkeverjük. Keverjük össze a zsemlemorzsával, a Worcestershire szósszal, a mustárral és a fűszernövényekkel, és kóstoljuk meg. Ha szükséges, kösse be. tejjel.

Szalonna-barack töltelék

225-275 g/8-10oz/1 1/3-1 2/3 csésze

Baromfi- és vadhúshoz

Készítsük el úgy, mint a bacon tölteléket, de adjunk hozzá 6 jól megmosott és durvára vágott felét a fűszernövényekkel együtt.

Gombás, citromos, kakukkfüves töltelék

225-275 g/8-10oz/1 1/3-1 2/3 csésze

Baromfihoz.

25 g/1 uncia/2 evőkanál vaj vagy margarin
125 g gomba, szeletelve
5 ml/1 tk finomra reszelt citromhéj
2,5 ml/½ teáskanál szárított kakukkfű
1 gerezd fokhagyma, zúzott
125 g/4 uncia/2 csésze friss fehér kenyérmorzsa
Só és frissen őrölt fekete bors
Tej, ha szükséges

Helyezzen vajat vagy margarint egy 1 literes/1¾ pt/4¼ csésze edénybe. Melegen, fedetlenül, 1 percig töltve. Hozzákeverjük a gombát.Fedő nélkül, 3 percig főzzük, kétszer megkeverve. Belekeverjük a citromhéjat, a kakukkfüvet, a fokhagymát és a zsemlemorzsát, és megkóstoljuk. Csak akkor kösse meg tejjel, ha a töltelék a száraz oldalon marad. Használja hidegen.

Gombás és póréhagymás töltelék

225-275 g/8-10oz/1 1/3-1 2/3 csésze

Baromfihúshoz, zöldségekhez és halhoz.

25 g/1 uncia/2 evőkanál vaj vagy margarin

1 póréhagyma, csak fehér része, nagyon vékonyra szeletelve

125 g gomba szeletelve

125 g/4 uncia/2 csésze friss barna zsemlemorzsa

30 ml/2 evőkanál apróra vágott petrezselyem

Só és frissen őrölt fekete bors

Tej, ha szükséges

Helyezzen vajat vagy margarint egy 1,25 literes/2¼ pt/5½ csésze edénybe. Melegen, fedetlenül, 1 percig töltve. Hozzákeverjük a póréhagymát.Fedő nélkül 2 percig főzzük, egyszer megkeverve. Belekeverjük a gombát.Fedő nélkül, 2 percig főzzük, kétszer megkeverve. Hozzákeverjük a zsemlemorzsát és a petrezselymet, és megkóstoljuk. Csak akkor kösse meg tejjel, ha a töltelék a száraz oldalon marad. Használja hidegen.

Sonkás és ananászos töltelék

225-275 g/8-10oz/1 1/3-1 2/3 csésze

Baromfihoz.

25 g/1 uncia/2 evőkanál vaj vagy margarin
1 hagyma, finomra vágva
1 friss ananász karika, bőrét eltávolítjuk, húsát felaprítjuk
75 g/3 uncia/³⁄₄ csésze főtt sonka, apróra vágva
125 g/4 uncia/2 csésze friss fehér kenyérmorzsa
Só és frissen őrölt fekete bors

Helyezzen vajat vagy margarint egy 1 literes/1¾ pt/4¼ csésze edénybe. Melegen, fedetlenül, 1 percig töltve. Belekeverjük a hagymát, és fedő nélkül, 2 percig főzzük, egyszer megkeverve. Hozzákeverjük az ananászt és a sonkát, majd fedő nélkül 2 percig főzzük, kétszer megkeverve. Rászórjuk a zsemlemorzsát, és ízlés szerint fűszerezzük. Használja hidegen.

Ázsiai gombás és kesudiós töltelék

225-275 g/8-10oz/11/3-12/3 csésze

Baromfihoz és halhoz.

25 g/1 uncia/2 evőkanál vaj vagy margarin
6 újhagyma (hagyma), apróra vágva
125 g gomba szeletelve
125 g/4 uncia/2 csésze friss barna zsemlemorzsa
45 ml/3 evőkanál kesudió, pörkölt
30 ml/2 evőkanál koriander (koriander) levél
Só és frissen őrölt fekete bors
Esetleg szójaszósz

Helyezzen vajat vagy margarint egy 1,25 literes/2¼ pt/5½ csésze edénybe. Melegen, fedetlenül, 1 percig töltve. Belekeverjük a hagymát, és fedő nélkül, 2 percig főzzük, egyszer megkeverve. Belekeverjük a gombát. Fedő nélkül, 2 percig főzzük, kétszer megkeverve. Keverjük össze a zsemlemorzsával, a kesudióval és a korianderrel, és kóstoljuk meg. Csak akkor kösse be szójaszósszal, ha a töltelék a száraz oldalon marad. Használja hidegen.

Sonka és sárgarépa töltelék

225-275 g/8-10oz/1 1/3-1 2/3 csésze

Baromfi-, bárány- és vadhúshoz.

A sonkás és ananászos töltelékhez hasonlóan készítsük el, de 2 reszelt sárgarépát cseréljünk ki ananászra.

Sonkás, banános és csemegekukorica töltelék

225-275 g/8-10oz/1 1/3-1 2/3 csésze

Baromfihoz.

Elkészítjük a sonkás és ananászos töltelékhez hasonlóan, de 1 kisebb, durván tört banánt ananászra cserélünk. Adjunk hozzá 30 ml/2 evőkanál kukoricát a zsemlemorzsával.

Olasz töltelék

225-275 g/8-10oz/1 1/3-1 2/3 csésze

Bárányhúshoz, baromfihoz és halhoz.

30 ml/2 evőkanál olívaolaj
1 gerezd fokhagyma
1 zellerlevél, apróra vágva
2 paradicsom blansírozva, meghámozva és durvára vágva
12 db kimagozott (magozott) fekete olajbogyó, félbevágva
10 ml/2 tk apróra vágott bazsalikomlevél
125 g/4 uncia/2 csésze friss morzsa olasz kenyérből, például ciabatta
Só és frissen őrölt fekete bors

Helyezze az olívaolajat egy 1 literes/1¾ pt/4¼ csésze edénybe. Melegen, fedetlenül, 1 percig töltve. Hozzákeverjük a fokhagymát és a zellert. Fedő nélkül 2½ percig főzzük, egyszer megkeverve. Keverje össze az összes többi hozzávalót, majd hidegen használja.

Spanyol töltelék

225-275 g/8-10oz/1 1/3-1 2/3 csésze

Erős halhoz és baromfihoz.

Készítsünk úgy, mint az olasz tölteléknél, de cseréljük ki a félbevágott töltött olajbogyót kimagozott (magozott) fekete olajbogyóra. Használjon sima fehér zsemlemorzsát az olasz zsemlemorzsa helyett, és adjon hozzá 30 ml/2 evőkanál pelyhes (őrölt) és pirított mandulát.

Narancs és koriander töltelék

Kitermelés: 175 g/6 uncia/1 csésze

Húshoz és baromfihoz.

25 g/1 uncia/2 evőkanál vaj vagy margarin
1 kis hagyma, apróra vágva
125 g/4 uncia/2 csésze friss fehér kenyérmorzsa
1 narancs finomra reszelt héja és leve
45 ml/3 evőkanál finomra vágott korianderlevél
Só és frissen őrölt fekete bors
Tej, ha szükséges

Helyezzen vajat vagy margarint egy 1 literes/1¾ pt/4¼ csésze edénybe. Melegen, fedetlenül, 1 percig töltve. Belekeverjük a hagymát, és fedő nélkül, 3 percig főzzük, egyszer megkeverve. Belekeverjük a morzsát, a narancshéjat és a levét és a koriandert (koriander), és megkóstoljuk. Csak akkor kösse meg tejjel, ha a töltelék a száraz oldalon marad. Használja hidegen.

Lime és koriander töltelék

175 g / 6 uncia / 1 csésze

A halaknak.

A narancs- és korianderes töltelékhez hasonlóan készítsük el, de a narancsot cseréljük le reszelt héjjal és 1 lime levével.

Narancs és sárgabarack töltelék

275g/10oz/12/3 csésze

Gazdag húshoz és baromfihoz.

125 g/4 uncia szárított sárgabarack, megmosva
Forró fekete tea
25 g/1 uncia/2 evőkanál vaj vagy margarin
1 kisebb hagyma, apróra vágva
5 ml/1 teáskanál finomra reszelt narancshéj
1 narancs leve
125 g/4 uncia/2 csésze friss fehér kenyérmorzsa
Só és frissen őrölt fekete bors

Áztassa a sárgabarackot forró teában legalább 2 órára. Lecsöpögtetjük, és ollóval apró darabokra vágjuk. Helyezzen vajat vagy margarint egy 1,25 literes/2¼ pt/5½ csésze edénybe. Melegen, fedetlenül, 1 percig töltve. Adjuk hozzá a hagymát. Fedő nélkül 2 percig főzzük, egyszer megkeverjük. Keverje össze az összes többi hozzávalót, beleértve a sárgabarackot is. Használja hidegen.

Almás, mazsolás, diós töltelék

275g/10oz/12/3 csésze

Sertés-, bárány-, kacsa- és libához.

25 g/1 uncia/2 evőkanál vaj vagy margarin
1 étkezési (desszert) alma, meghámozva, negyedelve, magházával és apróra vágva
1 kisebb hagyma, apróra vágva
30 ml/2 evőkanál mazsola
30 ml/2 evőkanál darált dió
5 ml/1 teáskanál nádcukor (szuper finom).
125 g/4 uncia/2 csésze friss fehér kenyérmorzsa
Só és frissen őrölt fekete bors

Helyezzen vajat vagy margarint egy 1,25 literes/2¼ pt/5½ csésze edénybe. Melegen, fedetlenül, 1 percig töltve. Keverjük hozzá az almát és a hagymát, és fedő nélkül főzzük 2 percig, egyszer megkeverve. Keverje össze az összes többi hozzávalót, majd hidegen használja.

Almás, aszalt szilvás és brazil diós töltelék

275g/10oz/12/3 csésze

Báránynak és pulykának.

Készítsük el úgy, mint az almás, mazsolás és diós tölteléket, de a mazsolát 8 kimagozott (magozott) és apróra vágott aszalt szilvával és 30 ml/2 ek. vékonyra szeletelt brazil dió.

Almás, datolyás, mogyorós töltelék

275g/10oz/12/3 csésze

Báránynak és vadnak.

Készítsük el úgy, mint az almás, mazsolás és diós tölteléket, de 45 ml/3 evőkanál apróra vágott datolyát a mazsolával és 30 ml/2 evőkanál pörkölt és darált mogyorót dióval helyettesítsünk.

Fokhagymás, rozmaringos és citromos töltelék

175 g / 6 uncia / 1 csésze

Bárány- és sertéshúshoz.

25 g/1 uncia/2 evőkanál vaj vagy margarin
2 gerezd fokhagyma, zúzott
1 kis citrom reszelt héja
5 ml/1 tk szárított rozmaring, zúzott
15 ml/1 evőkanál apróra vágott petrezselyem
125 g/4 uncia/2 csésze friss fehér vagy barna zsemlemorzsa
Só és frissen őrölt fekete bors
Tej vagy száraz vörösbor, ha szükséges

Helyezzen vajat vagy margarint egy 1 literes/1¾ pt/4¼ csésze edénybe. Melegen, fedetlenül, 1 percig töltve. Keverje hozzá a fokhagymát és a citromhéjat, és fedő nélkül, 30 másodpercig melegítse. Keverjük össze és keverjük hozzá a rozmaringot, a petrezselymet és a zsemlemorzsát, majd ízlés szerint fűszerezzük. Csak akkor kösse meg tejjel vagy borral, ha a töltelék a száraz oldalon marad. Használja hidegen.

Fokhagymás, rozmaringos és citromos töltelék parmezán sajttal

175 g / 6 uncia / 1 csésze.

Marhahúshoz.

A fokhagymás, rozmaringos és citromos töltelékhez hasonlóan készítsük el, de adjunk hozzá 45 ml/3 evőkanál reszelt parmezán sajtot.

Hal és kagyló töltelék

275g/10oz/12/3 csésze

Halhoz és zöldségekhez.

25 g/1 uncia/2 evőkanál vaj vagy margarin
125 g/4 uncia/1 csésze egész hámozott garnélarák (garnélarák)
5 ml/1 tk finomra reszelt citromhéj
125 g/4 uncia/2 csésze friss fehér kenyérmorzsa
1 tojás, felvert
Só és frissen őrölt fekete bors
Tej, ha szükséges

Helyezzen vajat vagy margarint egy 1 literes/1¾ pt/4¼ csésze edénybe. Melegen, fedetlenül, 1 percig töltve. Hozzákeverjük a garnélarákot, a citromhéjat, a zsemlemorzsát és a tojást, és megkóstoljuk. Csak akkor kösse meg tejjel, ha a töltelék a száraz oldalon marad. Használja hidegen.

Pármai sonkás töltelék

275g/10oz/12/3 csésze

Baromfihoz.

Készítsünk úgy, mint a tenger gyümölcsei tölteléknél, de cseréljük ki a garnélarákot (garnélarák) 75 g/3 uncia/¾ csésze durvára vágott pármai sonkával.

Kolbász hús töltelék

275g/10oz/12/3 csésze

Baromfi- és sertéshúshoz.

25 g/1 uncia/2 evőkanál vaj vagy margarin
225 g/8 oz/1 csésze sertés- vagy marhahúskolbászhús
1 kisebb hagyma, lereszelve
30 ml/2 evőkanál finomra vágott petrezselyem
2,5 ml/½ teáskanál mustárpor
1 tojás, felvert

Helyezzen vajat vagy margarint egy 1 literes/1¾ pt/4¼ csésze edénybe. Melegen, fedetlenül, 1 percig töltve. Keverjük hozzá a kolbászhúst és a hagymát. Fedő nélkül, főzzük 4 percig, percenként keverjük meg, hogy a kolbászhús alaposan feltörjön. Keverje össze az összes többi hozzávalót, majd hidegen használja.

Kolbászhús és máj töltelék

275g/10oz/12/3 csésze

Baromfihoz.

Készítse elő a kolbászhús töltelékhez hasonlóan, de csökkentse a kolbászhús tömegét 175 g-ra. Adjunk hozzá 50 g durvára vágott csirkemájat kolbászhússal és hagymával.

Töltsük meg kolbászhússal és csemegekukoricával

275g/10oz/12/3 csésze

Baromfihoz.

Készítse el úgy, mint a kolbásztölteléket, de a főzési idő végén keverjen bele 30-45 ml/2-3 evőkanál főtt kukoricát.

Kolbászhús és narancs töltelék

275g/10oz/12/3 csésze

Baromfihoz.

A kolbász töltelékhez hasonlóan elkészítjük, de a főzési idő végén adjunk hozzá 5-10 ml/1-2 tk finomra reszelt narancshéjat

Gesztenye töltelék tojással

350 g / 12 uncia / 2 csésze

Baromfihoz.

125 g szárított gesztenye, egy éjszakán át vízben áztatva, majd lecsepegtetve

25 g/1 uncia/2 evőkanál vaj vagy margarin

1 kisebb hagyma, lereszelve

1,5 ml/¼ teáskanál őrölt szerecsendió

125 g/4 uncia/2 csésze friss barna zsemlemorzsa

5 ml/1 teáskanál só

1 nagy tojás, felvert

15 ml/1 evőkanál dupla (nehéz) tejszín

Helyezze a gesztenyét egy 1,25 literes/2¼ pt/5½ csésze rakott edénybe (holland sütő), és öntse le forrásban lévő vízzel. 5 percig állni hagyjuk. Fedjük le fóliával (műanyag fóliával), és vágjuk kétszer, hogy a gőz távozzon. Főzzük 30 percig, amíg a gesztenye megpuhul. Lecsepegtetjük és hagyjuk kihűlni. Vágd apró darabokra. Helyezzen vajat vagy margarint egy 1,25 literes/2¼ pt/5½ csésze edénybe. Melegen, fedetlenül, 1 percig töltve. Adjuk hozzá a hagymát. Fedő nélkül 2 percig főzzük, egyszer megkeverjük. Hozzákeverjük a gesztenyét, a szerecsendiót, a zsemlemorzsát, a sót és a tojást, majd összekeverjük a tejszínnel. Használja hidegen.

Gesztenye és áfonya töltelék

350 g / 12 uncia / 2 csésze

Baromfihoz.

A tojásos gesztenyés töltelékhez hasonlóan készítsük el, de tojás helyett 30-45 ml/2-3 evőkanál áfonyaszósszal kössük meg a tölteléket. Adjunk hozzá egy kis tejszínt, ha a töltelék a száraz oldalon van.

Krémes gesztenye töltelék

900 g / 2 font / 5 csésze

Baromfihoz és halhoz.

50g/2oz/¼ csésze vaj, margarin vagy szalonnacsepegés
1 hagyma, lereszelve
500 g/1 font 2 oz/2¼ csésze konzerv cukrozatlan gesztenyepüré
225 g/8 uncia/4 csésze friss fehér kenyérmorzsa
Só és frissen őrölt fekete bors
2 tojás, felvert
Tej, ha szükséges

Helyezzen vajat, margarint vagy cseppeket egy 1¾ literes/3 pt/7½ csésze edénybe. Melegen, fedő nélkül, 1 és fél percig. Adjuk hozzá a hagymát. Fedő nélkül 2 percig főzzük, egyszer megkeverjük. A gesztenyepürét, a zsemlemorzsát, ízlés szerint sót, borsot és a tojást alaposan összekeverjük. Csak akkor kösse meg tejjel, ha a töltelék a száraz oldalon marad. Használja hidegen.

Krémes gesztenyés és kolbász töltelék

900 g / 2 font / 5 csésze

Baromfi- és vadhúshoz.

Készítse el úgy, mint a krémes gesztenye töltéket, de 250 g/9 uncia/bőséges 1 csésze kolbászhúst cserélje ki a gesztenyepüré felével.

Krémes gesztenyés töltelék egész gesztenyével

900 g / 2 font / 5 csésze

Baromfihoz.

A krémes gesztenyés töltelékhez hasonlóan készítsük el, de adjunk hozzá 12 főtt és tört gesztenyét a zsemlemorzsával együtt.

Gesztenye töltelék petrezselyemmel és kakukkfűvel

675 g/1½ font/4 csésze

Pulyka és csirke számára.

15 ml/1 evőkanál vaj vagy margarin
5 ml/1 teáskanál napraforgóolaj
1 kis hagyma, apróra vágva
1 gerezd fokhagyma, zúzott
50 g/2 oz/1 csésze petrezselyem és kakukkfű száraz töltelékkeverék
440 g/15½ oz/2 csésze konzerv cukrozatlan gesztenyepüré
150 ml/¼ pt/2/3 csésze meleg víz
1 citrom finomra reszelt héja
1,5-2,5 ml/¼-½ teáskanál só

Helyezze a vajat vagy a margarint és az olajat egy 1,25 literes/2¼ pt/5½ csésze edénybe. Melegen, fedetlenül, 25 másodpercig telt állapotban. Adjuk hozzá a hagymát és a fokhagymát. Fedő nélkül, 3 percig főzzük. Adjuk hozzá a száraz töltelékkeveréket, és jól keverjük össze. Fedő nélkül 2 percig főzzük, kétszer megkeverve. Vegye ki a mikrohullámú sütőből. A gesztenyepürét a forró vízzel felváltva fokozatosan keverjük egyneművé. Ízlés szerint belekeverjük a citromhéjat és a sót. Használja hidegen.

Gesztenye töltelék Gammonnal

675 g/1½ font/4 csésze

Pulyka és csirke számára.

Készítse el úgy, mint a petrezselymes és kakukkfüves gesztenye tölteléknél, de adjon hozzá 75 g darált gammont citromhéjjal és sóval.

Csirkemáj töltelék

350 g / 12 uncia / 2 csésze

Baromfi- és vadhúshoz.

125 g/4 oz/2/3 csésze csirkemáj
25 g/1 uncia/2 evőkanál vaj vagy margarin
1 hagyma, lereszelve
30 ml/2 evőkanál finomra vágott petrezselyem
1,5 ml/¼ teáskanál őrölt univerzális
125 g/4 uncia/2 csésze friss fehér vagy barna zsemlemorzsa
Só és frissen őrölt fekete bors
Esetleg csirkealaplé

A májat megmossuk és konyhapapíron szárítjuk. Kis darabokra vágva. Helyezzen vajat vagy margarint egy 1,25 literes/2¼ pt/5½ csésze edénybe. Melegen, fedetlenül, 1 percig töltve. Adjuk hozzá a hagymát. Fedő nélkül 2 percig főzzük, egyszer megkeverjük. Adjuk hozzá a májakat. Fedő nélkül főzzük kiolvasztáskor 3 percig, háromszor megkeverve. Keverjük hozzá a petrezselymet, a szegfűborsot és a zsemlemorzsát, és kóstoljuk meg. Csak akkor kötözzük meg kevés alaplével, ha a töltelék a száraz oldalon van. Használja hidegen.

Csirkemáj töltelék pekándióval és naranccsal

350 g / 12 uncia / 2 csésze

Baromfi- és vadhúshoz.

A csirkemáj töltelékhez hasonlóan készítsük el, de adjunk hozzá 30 ml/2 evőkanál tört pekándiót és 5 ml/1 tk finomra reszelt narancshéjat héjjal.

Háromszoros diós töltelék

350 g / 12 uncia / 2 csésze

Baromfihúshoz és húshoz.

15 ml/1 evőkanál szezámolaj
1 gerezd fokhagyma, zúzott
125 g finomra őrölt mogyoró
125 g/4 oz/2/3 csésze finomra őrölt dió
125 g finomra őrölt mandula
Só és frissen őrölt fekete bors
1 tojás, felvert

Öntse az olajat egy meglehetősen nagy edénybe. Melegen, fedetlenül, 1 percig töltve. Adjunk hozzá fokhagymát. Fedő nélkül, 1 percig főzzük. Keverje hozzá az összes diót és kóstolja meg. Összekötjük a tojással. Használja hidegen.

Burgonya és pulykamáj töltelék

675 g/1½ font/4 csésze

Baromfihoz.

450 g/1 font lisztezett burgonya

25 g/1 uncia/2 evőkanál vaj vagy margarin

1 hagyma, apróra vágva

2 szelet (szelet) csíkos bacon, apróra vágva

5 ml/1 tk szárított fűszernövénykeverék

45 ml/3 evőkanál finomra vágott petrezselyem

2,5 ml/½ teáskanál őrölt fahéj

2,5 ml/½ teáskanál őrölt gyömbér

1 tojás, felvert

Só és frissen őrölt fekete bors

Főzzük meg a burgonyát a tejszínes burgonyánál leírtak szerint, de csak 60 ml/4 evőkanál vizet használjunk fel. Lecsepegtetjük és pépesítjük. Helyezzen vajat vagy margarint egy 1,25 literes/2¼ pt/5½ csésze edénybe. Melegen, fedetlenül, 1 percig töltve. Belekeverjük a hagymát és a szalonnát, majd fedő nélkül, 3 percig főzzük, kétszer megkeverve. Hozzákeverjük az összes többi hozzávalót, beleértve a burgonyát is, ízlés szerint fűszerezzük. Használja hidegen.

Rizs töltelék gyógynövényekkel

450 g/1 font/22/3 csésze

Baromfihoz.

125 g/4 uncia/2/3 csésze enyhén főtt hosszú szemű rizs
250 ml/8 fl uncia/1 csésze forrásban lévő víz
2,5 ml/½ teáskanál só
25 g/1 uncia/2 evőkanál vaj vagy margarin
1 kisebb hagyma, lereszelve
5 ml/1 tk apróra vágott petrezselyem
5 ml/1 teáskanál koriander (koriander) levél
5 ml/1 teáskanál zsálya
5 ml/1 teáskanál bazsalikomlevél

A rizst az utasítás szerint megfőzzük vízzel és sóval. Helyezzen vajat vagy margarint egy 1,25 literes/2¼ pt/5½ csésze edénybe. Melegen, fedetlenül, 1 percig töltve. Belekeverjük a hagymát.Fedő nélkül, 1 percig, egyszer megkeverve főzzük. Keverje össze a rizst és a fűszernövényeket. Használja, ha hideg.

Spanyol rizs töltelék paradicsommal

450 g/1 font/2 2/3 csésze

Baromfihoz.

125 g/4 uncia/2/3 csésze enyhén főtt hosszú szemű rizs
250 ml/8 fl uncia/1 csésze forrásban lévő víz
2,5 ml/½ teáskanál só
25 g/1 uncia/2 evőkanál vaj vagy margarin
1 kisebb hagyma, lereszelve
30 ml/2 evőkanál apróra vágott zöldpaprika
1 paradicsom, apróra vágva
30 ml/2 evőkanál apróra vágott töltött olajbogyó

A rizst az utasítás szerint megfőzzük vízzel és sóval. Helyezzen vajat vagy margarint egy 1,25 literes/2¼ pt/5½ csésze edénybe. Melegen, fedetlenül, 1 percig töltve. Hozzákeverjük a hagymát, a zöldpaprikát, a paradicsomot és az olajbogyót. Fedő nélkül 2 percig főzzük, egyszer megkeverve. Keverje hozzá a rizst. Használja hidegen.

Gyümölcsös rizs töltelék

450 g/1 font/22/3 csésze

Baromfihoz.

125 g/4 uncia/2/3 csésze enyhén főtt hosszú szemű rizs
250 ml/8 fl uncia/1 csésze forrásban lévő víz
2,5 ml/½ teáskanál só
25 g/1 uncia/2 evőkanál vaj vagy margarin
1 kisebb hagyma, lereszelve
5 ml/1 tk apróra vágott petrezselyem
6 fél szárított sárgabarack, apróra vágva
6 kimagozott (magozott) aszalt szilva apróra vágva
5 ml/1 tk finomra reszelt klementin vagy satsuma héj

A rizst az utasítás szerint megfőzzük vízzel és sóval. Helyezzen vajat vagy margarint egy 1,25 literes/2¼ pt/5½ csésze edénybe. Melegen, fedetlenül, 1 percig töltve. Hozzákeverjük a hagymát, a petrezselymet, a sárgabarackot, az aszalt szilvát és a héját.Fedő nélkül 1 percig, egyszer megkeverve főzzük. Keverje hozzá a rizst. Használja hidegen.

Keleti atya rizs töltelék

450 g/1 font/22/3 csésze

Baromfihoz.

Készítse el úgy, mint a rizs tölteléket fűszernövényekkel, de csak koriandert (koriandert) használjon. Adjunk hozzá 6 dobozt és szeletelt vizes gesztenyét és 30 ml/2 evőkanál durvára vágott pörkölt kesudiót a hagymával együtt.

Ízletes rizs töltelék dióval

450 g/1 font/22/3 csésze

Baromfihoz.

Készítsük el úgy, mint a rizs tölteléket fűszernövényekkel, de csak a petrezselymet használjuk. Adjunk hozzá 30 ml/2 evőkanál pelyhes (szeletelt) és pirított mandulát és 30 ml/2 evőkanál sózott földimogyorót a hagymával.

Csokoládé ropogós

Csináld a 16-ot

75 g/3 uncia/2/3 csésze vaj vagy margarin
30 ml/2 evőkanál aranyszínű (világos kukorica) szirup, felolvasztva
15 ml/1 evőkanál kakaó (cukrozatlan csokoládé) por, átszitálva
45 ml/3 ek porcukor (szuperfinom) cukor
75 g/3 uncia/1½ csésze kukoricapehely

A vajat vagy a margarint és a szirupot fedő nélkül olvasszuk fel 2-3 perces kiolvasztáskor. Keverje hozzá a kakaót és a cukrot. Hajtsa bele a kukoricapelyhet egy nagy fémkanállal, és addig dobja, amíg jó bevonat nem lesz. Papír tortaformákba (cupcake papír) öntjük, deszkára vagy tálcára tesszük és dermedésig hűtőbe tesszük.

Ördög étel torta

8-at szolgál ki

Egy álom egy észak-amerikai robotgépes tortáról, könnyű és levegős textúrájú, mély csokoládé ízzel.

100g/4oz/1 csésze sima (félédes) csokoládé, darabokra törve
225 g/8 oz/2 csésze magától kelő (magán kelő) liszt
25 g/1 uncia/2 evőkanál kakaópor (cukrozatlan csokoládé).
1,5 ml/¼ teáskanál szódabikarbóna (szódabikarbóna)
200g/7oz/kis 1 csésze sötét puha barna cukor
150g/5oz/2/3 csésze vaj vagy lágy margarin, konyhai hőmérsékleten
5 ml/1 tk vanília esszencia (kivonat)
2 nagy tojás, szobahőmérsékleten
120 ml/4 fl oz/½ csésze író vagy 60 ml/4 evőkanál fölözött tej és natúr joghurt
Jegesedés (cukrászok) szárításhoz

Egy mély, 20 cm/8 átmérőjű, egyenes oldalú szuflé tál alját és oldalát béleljük ki fóliával (műanyag fóliával). Olvasszuk fel a csokoládét egy kis tálban Kiolvasztáskor 3-4 percig, kétszer keverjük meg. Szitáljuk a lisztet, a kakaót és a szódabikarbónát közvetlenül egy robotgép tálba. Adjuk hozzá az olvasztott csokoládét az összes többi hozzávalóval együtt, és dolgozzuk kb. 1 percig, vagy amíg a hozzávalók jól össze nem keverednek, és a keverék sűrű tésztára hasonlít. Az elkészített edénybe öntjük, és lazán letakarjuk konyhai papírral. Főzzük 9-10 percig, kétszer megfordítva az edényt, amíg a sütemény az edény széléig nem emelkedik, és a tetejét apró, törött buborékok borítják, és meglehetősen száraznak tűnik. Ha ragacsos foltok maradnak, főzzük még 20-30 másodpercig. Hagyd a mikrohullámú sütőben kb 15 percig (a sütemény kicsit megesik), majd vedd ki és hagyd kihűlni, amíg éppen meleg nem lesz. Óvatosan emeljük ki az edényből a fóliába kapaszkodva, és tegyük rácsra, hogy teljesen kihűljön. Tálalás előtt lehúzzuk a fóliát, és a tetejét megszórjuk szitált porcukorral. Tárolja légmentesen záródó edényben.

Mocha torta

8-at szolgál ki

Úgy készítsük el, mint az Ördögétel tortát, de hidegen vízszintesen vágjuk három rétegre. 450 ml/¾ pt/2 csésze dupla (nehéz) vagy habtejszínt verj keményre. Ízlés szerint kevés átszitált porcukorral édesítjük, majd hideg feketekávéval elég erősen ízesítjük. A krém egy részét a tortarétegek egymásra halmozására használjuk, majd a többit a tetejére és oldalára forgassuk. Tálalás előtt kissé lehűtjük.

Többrétegű torta

8-at szolgál ki

Úgy készítsük el, mint az Ördögétel tortát, de hidegen vízszintesen vágjuk három rétegre. Szendvics baracklekvárral, tejszínhabbal és reszelt csokoládéval vagy csokikrémmel.

Fekete-erdei cseresznye torta

8-at szolgál ki

Úgy készítsük el, mint a Devil's Food Cake-nél, de ha kihűlt, vágjuk a tortát vízszintesen három rétegre, és mindegyiket nedvesítsük meg cseresznyelikőrrel. Szendvics meggylekvárral (befőtt) vagy cseresznyés töltelékkel. 300 ml/½ pt/1¼ csésze dupla (nehéz) vagy habtejszínt verj sűrűre. A torta tetejére és oldalára kenjük. Az oldalára nyomjunk egy tört csokoládépehelyet vagy reszelt csokoládét, majd díszítsük a tetejét félbevágott glazé (kandírozott) cseresznyével.

Chocolate Orange Gateau

8-at szolgál ki

Úgy készítsük el, mint a Devil's Food Cake-nél, de hidegen vízszintesen vágjuk három rétegre, és mindegyiket nedvesítsük meg narancslikőrrel. Szendvicset finomra reszelt narancslekvárral és vékony réteg marcipánnal (mandula massza) együtt. 300 ml/½ pt/1¼ csésze dupla (nehéz) vagy habtejszínt verj sűrűre. Színezd ki és enyhén édesítsd 10-15ml/2-3 tk fekete sziruppal (melasz), majd keverj hozzá 10ml/2 tk reszelt narancshéjat, kend a torta tetejére és oldalára.

Csokoládé vajkrémes torta

8-10

30 ml/2 evőkanál kakaópor (cukrozatlan csokoládé).
60 ml/4 evőkanál forrásban lévő víz
175 g/6 uncia/¾ csésze vaj vagy margarin, szobahőmérsékleten
175 g/6oz/¾ csésze sötét puha barna cukor
5 ml/1 tk vanília esszencia (kivonat)
3 tojás, szobahőmérsékleten
175 g/6 oz/1½ csésze magától kelő (magától kelő) liszt
15 ml/1 evőkanál fekete szirup (melasz)
Vajkrémes cukormáz
Jegesedés (cukrászok) szárításhoz (opcionális)

Egy 18 x 9 cm/7 x 3½ átmérőjű szuflé edény alját és oldalát szorosan bélelje ki fóliával (műanyag fóliával), hagyja, hogy kissé a szélén lógjon. A kakaót simára keverjük a forrásban lévő vízzel. A vajat vagy a margarint, a cukrot és a vaníliaesszenciát habosra keverjük. Egyenként beleütjük a tojásokat, és minden tojáshoz 15 ml/1 evőkanál lisztet adunk. A maradék lisztet a fekete sziruppal simára keverjük. Egyenletesen eloszlatjuk az elkészített edényben, és lazán letakarjuk konyhai papírral. Főzzük 6-6½ percig, amíg a sütemény jól megkel, és már nem tűnik nedvesnek a tetején. Ne süssük túl, különben a sütemény összezsugorodik és kemény lesz. Hagyja 5 percig, majd vegye ki a tortát az edényből a fóliát (műanyag fóliát) megfogva, és tegye rácsra. Óvatosan húzzuk le a fóliát és hagyjuk kihűlni. A tortát vízszintesen három rétegre vágjuk, és a mázzal együtt megkenjük (mázzal). Ízlés szerint szeletelés előtt megszórjuk a tetejét szitált porcukorral.

Csokis mokkás torta

8-10

Készítsük el úgy, mint a csokoládé vajas krémréteg tortát, de ízesítsük a vajkrémes mázat (mázzal) 15 ml/1 evőkanál nagyon erős feketekávéval. Az intenzívebb íz érdekében adjon hozzá 5 ml/1 teáskanál őrölt kávét a folyékony kávéhoz.

Narancsos-csokis réteges torta

8-10

Készítsd el úgy, mint a csokoládé vajkrémes réteg tortát, de adj hozzá 10 ml/2 teáskanál reszelt narancshéjat a torta hozzávalóihoz.

Dupla csokoládé torta

8-10

Készítsük el úgy, mint a csokis vajkrémes réteges tortát, de a vajkrémes cukormázhoz adjunk hozzá 100g/4oz/1 csésze olvasztott és lehűtött sima (félédes) csokoládét. Használat előtt hagyja megkeményedni.

Tejszínhab és diótorta

8-10

1 csokoládé vajkrémes réteg torta
300 ml/½ pt/1¼ csésze dupla (nehéz) tejszín
150 ml/¼ pt/2/3 csésze habtejszín
45 ml/3 evőkanál porcukor (cukrászcukor), átszitálva
Bármilyen aromaesszencia (kivonat), például vanília, rózsa, kávé, citrom, narancs, mandula, ratafia
Dió, csokoládéforgács, ezüst drazsé, kristályos virágszirmok vagy glazé (kandírozott) gyümölcs díszítéshez

A tortát vízszintesen három lapra vágjuk. A krémeket sűrűre keverjük. Hozzákeverjük a porcukrot és megkóstoljuk. A tortarétegeket megkenjük a krémmel, a tetejüket tetszés szerint díszítjük.

Karácsonyi kapu

8-10

1 csokoládé vajkrémes réteg torta
45 ml/3 evőkanál mag nélküli málnalekvár (tartósított)
Marcipán (mandula paszta)
300 ml/½ pt/1¼ csésze dupla (nehéz) tejszín
150 ml/¼ pt/2/3 csésze habtejszín
60 ml/4 evőkanál porcukor (szuper finom).
Glacé (kandírozott) cseresznye és ehető magyalgallyak díszítésnek

A süteményt három részre vágjuk, és a vékonyra sodort kerek marcipánnal bevont lekvárral együtt szendvicsre kenjük. A tejszínt és a porcukrot habosra keverjük, és bevonjuk a torta tetejét és oldalát. A tetejét cseresznyével és magyallal díszítjük.

Amerikai Brownie

Csináld a 12-t

50g/2oz/½ csésze sima (félédes) csokoládé, darabokra törve
75 g/3 uncia/2/3 csésze vaj vagy margarin
175 g/6oz/¾ csésze sötét puha barna cukor
2 tojás, konyhai hőmérsékleten, felverve
150 g/5 uncia/1¼ csésze univerzális liszt
1,5 ml/¼ teáskanál sütőpor
5 ml/1 tk vanília esszencia (kivonat)
30 ml/2 evőkanál hideg tej
Jegesedés (cukrászok) szárításhoz

Vajazz ki és béleljünk ki egy 25 x 16 3 5 cm/10 x 6½ 3 2 méretű edényt. A csokoládét és a vajat vagy a margarint teljesen felolvasztjuk 2 percig, és addig keverjük, amíg jól össze nem áll. A cukrot és a tojásokat jól összekeverjük. A lisztet és a sütőport szitáljuk össze, majd enyhén keverjük a vanília esszenciával és tejjel a csokis keverékhez. Egyenletesen eloszlatjuk az elkészített edényben, és lazán letakarjuk konyhai papírral. Főzzük 7 percig, amíg a sütemény jól megkelt, és a tetejét kis törött léglyukak ízesítik. Hagyjuk az edényben 10 percig hűlni. Négyzetekre vágjuk, a tetejüket elég vastagon megszórjuk porcukorral, és rácson hagyjuk teljesen kihűlni. Tárolja légmentesen záródó edényben.

Csokoládé diós brownie

Csináld a 12-t

Készítse el úgy, mint az amerikai brownie-t, de adjon hozzá 90 ml/6 evőkanál durvára vágott diót a cukorral. További 1 percig főzzük.

Zabkaramell háromszögek

Csináld a 8-at

125 g/4 uncia/½ csésze vaj vagy margarin
50g/2oz/3 evőkanál aranyszínű (világos kukorica) szirup
25 ml/1½ evőkanál fekete szirup (melasz)
100 g/4 uncia/½ csésze sötét puha barna cukor
225 g/8 uncia/2 csésze zabpehely

Egy 20 cm/8 átmérőjű mély edényt alaposan kivajazunk. A vajat, a melaszot, a melaszot és a cukrot fedő nélkül felolvasztjuk 5 percig. Keverje hozzá a zabot, és kenje szét az edényben. Fedő nélkül 4 percig főzzük, egyszer megforgatjuk. Hagyja állni 3 percig. Főzzük további 1 és fél percig. Hagyjuk langyosra hűlni, majd vágjuk nyolc háromszögbe. Ha kihűlt, vedd ki az edényből, és légmentesen záródó edényben tárold.

Müzli háromszögek

Csináld a 8-at

Készítsünk úgy, mint a zabkaramell háromszögeknél, de a zabkását cseréljük le cukrozatlan müzlivel.

Csokoládé Queenies

Csináld a 12-t

125 g/4 oz/1 csésze magától kelő (magán kelő) liszt
30 ml/2 evőkanál kakaópor (cukrozatlan csokoládé).
50 g/2 uncia/¼ csésze vaj vagy margarin, konyhai hőmérsékleten
50 g/2 uncia/¼ csésze világos puha barna cukor
1 tojás
5 ml/1 tk vanília esszencia (kivonat)
30 ml/2 evőkanál hideg tej
Flormelis (cukrászok) cukor vagy csokoládé kenhető díszítéshez
(opcionális)

A lisztet és a kakaót szitáljuk össze. Egy külön tálban a vajat vagy a margarint és a cukrot puhára és habosra keverjük. Belekeverjük a tojást és a vanília esszenciát, majd a tejjel felváltva beleforgatjuk a lisztes keveréket, villával verés nélkül gyorsan elkeverjük. Osszuk el 12 papír tortadobozra (cukorpapír). Egyszerre hatot helyezünk az üveg- vagy műanyag tálcára, lazán fedjük le konyhai papírral, és főzzük 2 percig. Hűtsük le rácson. Kívánság szerint megszórjuk szitált porcukorral vagy bevonjuk csokikrémmel. Tárolja légmentesen záródó edényben.

Flaky Chocolate Queenies

Csináld a 12-t

Készítsük el úgy, mint a Chocolate Queenies-nél, de törjünk össze egy kis csokipehelyszeletet, és a tojás és a vanília esszencia hozzáadása után óvatosan keverjük a torta keverékhez.

Reggeli korpa és ananásztorta

Körülbelül 12 darabot tesz ki

Meglehetősen sűrű sütemény és hasznos reggeli uzsonna joghurttal és itallal.

100 g/3½ oz/1 csésze All Bran Gabona

50 g/2 uncia/¼ csésze sötét puha barna cukor

175g/6oz konzerv zúzott ananász

20 ml/4 teáskanál sűrű méz

1 tojás, felvert

300 ml/½ pt/1¼ csésze sovány tej

150 g/5 oz/1¼ csésze magától kelő (magától kelő) teljes kiőrlésű liszt

Egy 18 cm/7 átmérőjű szuflé edény alját és oldalát szorosan bélelje ki fóliával (műanyag fóliával), és hagyja, hogy nagyon enyhén lógjon a szélén. Tegye egy tálba gabonapelyheket, cukrot, ananászt és mézet. Fedjük le egy tányérral, és melegítsük újra Kiolvasztásnál 5 percig. Habverés nélkül gyorsan keverjük össze a többi hozzávalót. Tedd át az elkészített edénybe. Lazán letakarjuk konyhai papírral, és felengedve 20 percig sütjük, négyszer megfordítva az edényt. Hagyjuk hűlni, amíg csak meleg, majd tegyük át rácsra úgy, hogy ragaszkodunk egy fóliához. Ha teljesen kihűlt, szeletelés előtt 1 napig légmentesen záródó edényben tároljuk.

Gyümölcsös csokis keksz Crunch torta

Csináld a 10-12

200g/7oz/kis 1 csésze sima (félédes) csokoládé, négyzetekre törve
225 g/8 uncia/1 csésze sótlan (édes) vaj (nem margarin)
2 nagy tojás, konyhai hőmérsékleten, felverve
5 ml/1 tk vanília esszencia (kivonat)
75 g/3 oz/¾ csésze durvára vágott vegyes dió
75 g/3 oz/¾ csésze apróra vágott kristályos ananász vagy papaya
75 g/3 oz/¾ csésze darált kristályos gyömbér
25 ml/1½ evőkanál porcukor (cukrászcukor), átszitálva
15 ml/1 evőkanál gyümölcslikőr, például Grand Marnier vagy Cointreau
225 g/8 uncia hagyományos édes keksz (sütik), például digestive (graham keksz), mindegyiket 8 darabra vágva

Egy 20 cm átmérőjű edény vagy egy szendvicsforma (serpenyő) alját és oldalát szorosan fedjük le fóliával (műanyag fóliával). Egy nagy, fedetlen tálban olvasszuk fel a csokoládédarabokat a kiolvasztó sütőben 4-5 percig, amíg nagyon megpuhulnak, de még megtartják eredeti formájukat. A vajat nagy kockákra vágjuk, és kiolvasztáskor 2-3 percig fedetlenül felolvasztjuk. Az olvasztott csokoládét a tojással és a vanília esszenciával alaposan elkeverjük. Az összes többi hozzávalót összekeverjük, majd ha jól összekevertük, az előkészített formába öntjük és fóliával vagy fóliával (műanyag fóliával) lefedjük. Hűtsük le

24 órán keresztül, majd óvatosan emeljük ki és húzzuk le a fóliát. Tálaláskor kockákra vágjuk. Az adagok között a hűtőben tároljuk, mert szobahőmérsékleten megpuhul a sütemény.

Gyümölcsös Mokka Biscuit Crunch Torta

Csináld a 10-12

Készítse el úgy, mint a Gyümölcsös csokoládé keksz ropogós tortát, de olvasszon fel 20 ml/4 tk instant kávéport vagy granulátumot a csokoládéval, és cserélje ki a kávélikőrt a gyümölcslikőrre.

Gyümölcs rum és mazsola keksz Crunch torta

Csináld a 10-12

Készítse el úgy, mint a Gyümölcsös csokoládé keksz ropogós tortát, de cserélje ki a 100 g mazsolát a kikristályosodott gyümölccsel, és cserélje ki a sötét rumot a likőrrel.

Gyümölcsös whisky és narancsos keksz ropogós torta

Csináld a 10-12

Készítse el úgy, mint a gyümölcsös csokis keksz ropogós tortát, de 1 narancs finomra reszelt héját keverje bele a csokoládéba és a vajba, és cserélje ki a whiskyt a likőrrel.

Fehér csokoládé, gyümölcsös roppanós torta

Csináld a 10-12

Készítsd el úgy, mint a gyümölcsös csokoládé keksz ropogós tortát, de cseréld le a fehér csokoládét étcsokoládéval.

Kétrétegű barackos és málnás sajttorta

12-t szolgál ki

Az alaphoz:

100 g/3½ oz/½ csésze vaj

225 g/8 uncia/2 csésze csokoládé emésztést elősegítő graham cracker morzsa

5 ml/1 tk vegyes (almás pite) fűszer

A barackos réteghez:

60 ml/4 evőkanál hideg víz

30 ml/2 evőkanál porzselatin

500 g/1 font 2 oz/2¼ csésze túró (sima túró)

250 g/9 uncia/1¼ csésze őrleményből vagy túróból

60 ml/4 evőkanál sima baracklekvár (befőtt)

75 g/3 uncia/2/3 csésze porcukor (szuperfinom).

3 tojás, szétválasztva

Egy csipet só

A málnás réteghez:

45 ml/3 evőkanál hideg víz

15 ml/1 evőkanál porzselatin
225g/8oz friss málna, zúzott és átszitált (rostált)
30 ml/2 ek porcukor (szuperfinom) cukor
150 ml/¼ pt/2/3 csésze dupla (nehéz) tejszín

Díszítéshez:
Friss málna, eper és ribizli

Az alap elkészítéséhez olvasszuk fel a vajat fedő nélkül, amikor kiolvasztjuk 3-3 és fél percig. Hozzákeverjük a kekszmorzsát és a kevert fűszert, majd egyenletesen elosztjuk egy 25 cm/10 átmérőjű rugós forma alján. Hűtsük le 30 percig, amíg meg nem szilárdul.

A barackréteg elkészítéséhez tegyük egy tálba a vizet és a zselatint, és jól keverjük össze. Hagyja 5 percig, amíg puha. Felolvasztáskor 2½-3 percig fedetlenül olvasszuk fel. Tegye a túrót, a túrót vagy a túrót, a lekvárt, a cukrot és a tojássárgáját egy robotgépbe, és járassa a gépet, amíg a hozzávalók alaposan össze nem kerednek. Egy nagy tálba kaparjuk, lefedjük egy tányérral, és addig hűtjük, amíg éppen nem kezd besűrűsödni, és a szélére kerül. A tojásfehérjét és a sót kemény habbá verjük. A sajtos keverék egyharmadát beleütjük, majd fémkanállal vagy spatulával a maradékot beleforgatjuk. Egyenletesen elosztjuk a kekszes alapon. Lazán letakarjuk konyhai papírral, és legalább 1 órára hűtőbe tesszük, amíg megszilárdul.

A málnaréteg elkészítéséhez tegyük egy tálba a vizet és a zselatint, és jól keverjük össze. Hagyja 5 percig, amíg puha. Felolvasztáskor 1½-2 percig fedetlenül olvasszuk fel. Keverjük össze a málnapürével és a cukorral. Fedjük le fóliával vagy fóliával (műanyag fóliával), és tegyük hűtőbe, amíg éppen nem kezd besűrűsödni, és a szélein leülepszik. A tejszínt puhára verjük. A gyümölcskeverék egyharmadát habosra keverjük, majd fémkanállal vagy spatulával beleforgatjuk a maradékot. Egyenletesen eloszlatjuk a sajttorta keveréken. Lazán letakarjuk, és néhány órára hűtőbe tesszük, amíg megszilárdul. A tálaláshoz forró vízbe mártott kést futtasson a belső szélén, hogy meglazítsa a sajttortát. Engedje el a dobozt, és távolítsa el az oldalt. A tetejét gyümölccsel díszítjük. Forró vízbe mártott késsel szeletekre vágjuk.

Mogyoróvajas sajttorta

10-et szolgál ki

Az alaphoz:

100 g/3½ oz/½ csésze vaj
225 g mézeskalács (süti) morzsa

A feltéthez:
90 ml/6 evőkanál hideg víz
45 ml/3 evőkanál porzselatin
750 g/1½ font/3 csésze túró (sima túró).
4 tojás, szétválasztva
5 ml/1 tk vanília esszencia (kivonat)
150g/5oz/2/3 csésze porcukor (szuper finom).
Egy csipet só
150 ml/¼ pt/2/3 csésze dupla (nehéz) tejszín
60 ml/4 evőkanál sima mogyoróvaj, konyhai hőmérsékleten
Aprított enyhén sózott vagy normál földimogyoró (opcionális)

Az alap elkészítéséhez olvasszuk fel a vajat fedő nélkül, amikor kiolvasztjuk 3-3 és fél percig. Belekeverjük a kekszmorzsát, egy 20 cm/8 átmérőjű rugós forma aljára terítjük, és 20-30 percre hűtőbe tesszük, amíg meg nem szilárdul.

Az öntet elkészítéséhez tegyük egy tálba a vizet és a zselatint, és jól keverjük össze. Hagyjuk állni 5 percig, hogy megpuhuljon. Felolvasztáskor fedetlenül olvasszuk fel 3-3½ percig. A sajtot, a tojássárgáját, a vaníliaesszenciát és a cukrot robotgépbe tesszük, és a gépet simára tesszük. Egy nagy tálba kaparjuk. A tojásfehérjét és a sót kemény habbá verjük. A tejszínt puhára verjük. A tojásfehérjét és a tejszínt felváltva a sajtos keverékhez keverjük. Végül belekeverjük a mogyoróvajat, egyenletesen elosztjuk az előkészített formában, jól lefedjük, és legalább 12 órára hűtőbe tesszük. A tálaláshoz forró vízbe mártott kést futtasson körbe, hogy meglazítsa. Szabadítsa ki a dobozt, és távolítsa el az oldalait. Díszítsük apróra vágott mogyoróval, ha tetszik. Forró vízbe mártott késsel szeletekre vágjuk.

Citromos túrós sajttorta

10-et szolgál ki

Készítsünk úgy, mint a mogyoróvajas sajttortánál, de a mogyoróvajat cseréljük ki citromtúróval.

Csokoládé sajttorta

10-et szolgál ki

Készítsd el úgy, mint a mogyoróvajas sajttortát, de a mogyoróvajat cseréld ki csokoládéval.

Sharon gyümölcs sajttorta

10-et szolgál ki

Egy új-zélandi hölgy által küldött recept a paradicsomszerű gyümölcs tamarillo alapján. Mivel nem mindig könnyű beszerezni, a téli sharon gyümölcsök csodálatra méltó helyettesítői, vagy akár datolyaszilva-szerűek, amennyiben nagyon érettek.

Az alaphoz:

175 g/6 uncia/¾ csésze vaj

100 g/3½ oz/½ csésze világos puha barna cukor

225g/8oz maláta keksz (süti) morzsa

A töltelékhez:

4 Sharon gyümölcs apróra vágva

100 g/4oz/½ csésze világos puha barna cukor

30 ml/2 evőkanál porzselatin

30 ml/2 evőkanál hideg víz

300 g/10 uncia/1¼ csésze krémsajt

3 nagy tojás, szétválasztva

½ citrom leve

Egy 25 cm/10 átmérőjű rugós formát alaposan öblítsen ki, és hagyja nedvesen. Olvasszuk fel a vajat vagy a margarint fedő nélkül, amikor kiolvasztjuk 3-3,5 percig. Hozzákeverjük a cukrot és a kekszet, egyenletesen a forma aljára nyomkodjuk. Hűtsük le, amíg elkészítjük a töltelékét.

A töltelék elkészítéséhez tegyük a sharon gyümölcsöt egy edénybe, és szórjuk meg a cukor felével. Tedd a zselatint egy tálba, és keverd hozzá a vizet, hagyd 5 percig puhára. Felolvasztáskor fedetlenül olvasszuk fel 3-3½ percig. Egy külön tálban verjük puhára és habosra a sajtot, majd keverjük hozzá a zselatint, a tojássárgákat, a citromlevet és a maradék cukrot. A tojásfehérjét verjük kemény habbá. Hajtsa bele a sajtkeveréket a sharon gyümölccsel felváltva. Ráöntjük a kekszes alapot, és egy éjszakára hűtőbe tesszük. A tálaláshoz forró vízbe mártott késsel körbefuttatjuk az oldalát, hogy meglazuljon, majd lazítsa meg a formát és távolítsa el az oldalát.

Áfonya sajttorta

10-et szolgál ki

Készítsünk úgy, mint a Sharon Fruit Cheesecake-nél, de cseréljük ki a sharon gyümölcsöt 350 g/12 uncia áfonyával.

Sült citromos sajttorta

10-et szolgál ki

Az alaphoz:

75 g/3 uncia/1/3 csésze vaj, konyhai hőmérsékleten

175 g/6 uncia/1½ csésze emésztést elősegítő keksz (graham cracker)

morzsa

30 ml/2 ek porcukor (szuperfinom) cukor

A töltelékhez:

450 g/1 font/2 csésze közepes zsírtartalmú túró (sima házikó) konyhai hőmérsékleten

75 g/3 oz/1/3 csésze porcukor (szuperfinom).

2 nagy tojás, szobahőmérsékleten

5 ml/1 tk vanília esszencia (kivonat)

15 ml/1 evőkanál kukoricaliszt (kukoricakeményítő)

1 citrom finomra reszelt héja és leve

150 ml/¼ pt/2/3 csésze dupla (nehéz) tejszín

150 ml/5 oz/2/3 csésze tejsavas (tejsav) tejszín

Az alap elkészítéséhez olvasszuk fel a vajat fedő nélkül, amikor kiolvasztjuk 2-2 és fél percig. Belekeverjük a kekszet és a cukrot.Egy 20cm/8 átmérőjű edény alját és oldalát béleljük ki fóliával (műanyag fóliával), hogy nagyon kicsit lelóghasson a széléről. Az alját és az oldalát bekenjük a kekszes keverékkel. Fedő nélkül 2 és fél percig főzzük.

A töltelékhez a sajtot puhára verjük, majd a tejföl kivételével hozzákeverjük a többi hozzávalót. Öntsük a morzsás formába, és lazán takarjuk le konyhai papírral. Főzzük teljesen 12 percig, kétszer megfordítva az edényt. A sütemény akkor van készen, ha a közepén van egy kis mozgás, és a teteje kissé megemelkedett, és éppen elkezd repedni. 5 percig állni hagyjuk. Vegyük ki a mikróból, és óvatosan kenjük meg a tejföllel, ami a torta hűlésével ráül a tetejére és kisimul.

Sült lime sajttorta

10-et szolgál ki

A citromos sajttortához hasonlóan elkészítjük, de a citrom helyett 1 lime héját és levét használjuk.

Sült feketeribizlis sajttorta

10-et szolgál ki

Úgy készítsük el, mint a Sült citromos sajttortánál, de ha már teljesen kihűlt, kenjük meg a tetejét jó minőségű feketeribizli lekvárral (konzerv), vagy konzerv feketeribizli gyümölcs töltelékkel.

Sült málnás sajttorta

10-et szolgál ki

Készítsük el úgy, mint a sült citromos sajttortát, de a kukoricadarát (kukoricakeményítőt) cseréljük ki málnás blancmange porral. A tetejét friss málnával díszítjük.

Szentjánoskenyér torta

8-at szolgál ki

Készítsünk úgy, mint a Victoria szendvicstortánál, de 25 g/1 uncia/¼ csésze kukoricalisztet (kukoricakeményítőt) és 25 g szentjánoskenyérport cseréljünk ki 50 g liszttel. Szendvics tejszínnel és/vagy konzerv vagy friss gyümölccsel. Adjon hozzá 5 ml/1 teáskanál vaníliaesszenciát (kivonatot) a krémes összetevőkhöz, ha szükséges.

Könnyű csokitorta

8-at szolgál ki

Készítse elő a Victoria szendvicstortához hasonlóan, de 25 g kukoricalisztet (kukoricakeményítőt) és 25 g kakaóport (cukrozatlan csokoládé) cserélje ki 50 g liszttel. Szendvics tejszínnel és/vagy csokoládéval együtt.

Mandulás torta

8-at szolgál ki

Készítse el úgy, mint a Victoria Sandwich Cake-nél, de 40 g 3 evőkanál őrölt mandulát cseréljen ki ugyanannyi lisztre. Ízesítse a krémes hozzávalókat 2,5-5 ml/½-1 tk mandulaesszenciával (kivonat). Szendvics sima baracklekvárral (befőtt) és vékony réteg marcipánnal (mandula paszta).

Victoria szendvicstorta

8-at szolgál ki

Készítsd el úgy, mint a Victoria Sandwich Cake-t vagy valamelyik változatot. Szendvics tejszínes vagy vajas krémmázzal (mázzal) és/vagy lekvárral (befőtt), csokikrémmel, mogyoróvajjal, narancs- vagy citromtúróval, narancslekvárral, gyümölcskonzerv töltelékkel, mézzel vagy marcipánnal (mandulás tészta). Tetejét és oldalát tejszínnel vagy vajkrémmel bevonjuk. Díszítsük friss vagy tartósított gyümölccsel, dióval vagy drazsékkal. A még gazdagabb süteményhez a töltés előtt minden sült réteget félbe kell vágni, hogy négy réteg legyen.

Óvodai teás piskóta

6 szeletet készít

75 g/3 uncia/2/3 csésze porcukor (szuperfinom).
3 tojás, szobahőmérsékleten
75 g/3 oz/¾ csésze univerzális liszt
90 ml/6 evőkanál dupla (nehéz) vagy habtejszín, felverve
45 ml/3 evőkanál lekvár (tartalék)
Porcukor (szuper finom) szóráshoz

Bélelje ki egy 18 cm/7 átmérőjű szuflé edény alját és oldalát fóliával (műanyag fóliával), hogy az nagyon enyhén a szélén lógjon. Tegye a cukrot egy tálba, és melegítse, fedetlen, 30 másodpercig kiolvasztva. Hozzáadjuk a tojásokat, és addig verjük, amíg a keverék habbá nem válik, és tejszínhab állagúra sűrűsödik. Óvatosan és enyhén felvágjuk, majd fémkanállal beleforgatjuk a lisztet. Ne verje és ne keverje. Amikor az összetevők jól összekeveredtek, tedd át az elkészített edénybe. Lazán letakarjuk konyhai papírral, és 4 percig főzzük. Hagyd állni 10 percig, majd tedd át rácsra, a fóliát tartva. Hűtött állapotban húzzuk le a fóliát. Oszd ketté, majd kend meg krémmel és lekvárral. Tálalás előtt porcukorral megszórjuk a tetejét.

www.ingramcontent.com/pod-product-compliance
Lightning Source LLC
Chambersburg PA
CBHW070416120526
44590CB00014B/1414